Cutting Edge Text Analytics: The Japanese Latest Studies in Humanities and Social Sciences

テキスト計量の最前線
データ時代の社会知を拓く

左古輝人 [編]
Edited by Teruhito Sako

ひつじ書房

目次

序

左古 輝人

新自由主義の探究―日英の比較から―

左古 輝人

安全保障技術研究推進制度の助成を受けた研究者のネットワーク可視化
　―KAKEN データベースを用いて―

鈴木 努

1. 計読の提案

　日本語には文章を読む技法を表すいろいろの熟語がある。音読、黙読。深く考えずとにかく音読する「素読」。じっくりと丁寧に読む「味読」、「熟読」。頭から終いまで読み通す「通読」。興味や必要に応じて部分だけを拾って読む「摘読」。素早く全体を捉える「速読」などなど。本書はこれに加えてもうひとつ、ビッグデータ時代にふさわしい新たな文章の読み方を提案したい。「計読」である。

　計読とは、文章のなかで特定の語句がどれほど出現し、どれほど共起するかを量的に計測することにより、有意味な知識を得ようとする諸技法の総称である。ちょうど世紀の変わり目からこんにちまで、約20年のあいだにテキストマイニング、テキストアナリティクス、計量テキスト分析、ディスタント・リーディングなど数多くの名を得ながら急激な発展を遂げてきた。

　計読がどんなペースで発展してきたかは学術の世界において一目瞭然である。日本語で書かれたあらゆるジャンルの学術論文の書誌情報を集めたデータベース CiNii Articles を検索語「テキストマイニング」で検索してみよう。1990年から1999年の10年間の合計で「テキストマイニング」をタイトルに含む論文は23件に過ぎなかった。それが2000年から2004年の5年間には急激に増えて242件、2005年から2009年の5年間では566件となった。2010年から2014年まで1,041件、2015年から2019年では1,248件に達している（2019年10月現在）。これら以外にも、論文タイトルにあえて冠することもなく、何らの程度、何らかの水準で計読を用いた学術研究も全く珍しくはなくなった。学術の世界では、今や計読の発展は試行の段階から定着の段階に入ったと思われる。

　計読の利用は学術に限られるわけでは全くない。どんな領域であれ、既知

の読み方では太刀打ちできない長大な文章から何かを読み取ることを望むならば、計読は必ず威力を発揮する。例えば企業のカスタマー窓口で記録されている膨大で雑多な相談内容から、リコールにつながる情報を素早く探知したり、製品の改良の方向性を探索することなどが可能だ。SNSの書き込み内容から、人々の属性別——性別、年代、居住地、職業など——の関心の傾向や、その周期的な移り変わりを読み取ることができる。E-Gov（電子政府の総合窓口）からパブリックコメントを収集し、各々の案件に対する投稿者の意見の分布を知ることもできる。裁判所の判例データベースから、類似の事件についての歴代判例を抽出し比較することもできる。天文学的な数の通話記録や電子メールから無差別殺人の準備を探知することも可能だろう。

その一方で、ブックスタイル——近代の標準的な知識伝達の手段——で書かれた文章、つまりビッグというわけでもないデータを、計読で読み直すことにも大きな意義がある。例えば、ある文芸作品に対して、既存の読み方から得られた対立する二通りの解釈があるとする。この両説を計読で再現し、両説を比較し、各々の妥当性を評価することができる。あるいは作品のなかに両説がともに見落としてきた重大な要素がないかどうか探索することだってできる。

2. オープンソースの形態素解析器と計読ソフトウェアの展開

計読が世紀の変わり目から発展を始めた背景には、まず1980年代以降のデータベースの発展、そして1990年代以降のパーソナルコンピューターとインターネットの普及があった。それに加えて、特に日本で重要だったのは、それまで難しかったコンピューターによる日本語の形態素解析——自然文を単語に分解し、品詞と活用形を明らかにする技術——が、松本裕治（奈良先端科学技術大学院大学の松本研究室）が1997年に公開したChaSen（茶筌）によって実用水準に達したことである。これがオープンソースで提供されたことによって初めて、日本語の文章における語句の出現と共起の量的な計測、つまり計読が可能となるための前提条件が整った。

2000 年代以降、コンピューターの性能向上とともに OCR（光学文字認識）の速度と信頼性が向上し、〈自炊〉——自ら購入した紙版出版物をデジタルデータに変換する行為——が普及したことを思い出す人もいるだろう。この延長線上で、既存のデータベースに頼らず、個人が自らの課題関心に従ってデータベースを作成する可能性も徐々に広がってきた。例えば半世紀以上前の雑誌の目次や新聞の見出しを OCR によって大量に電子データ化し、当時の文化や経済、政治や行政について何事か知るために計読する人々が現れてきた。

同じ時期、オープンソースの形態素解析器としては、2006 年、工藤拓（京都大学情報学研究科－日本電信電話株式会社コミュニケーション科学基礎研究所共同研究ユニットプロジェクト）の開発した MeCab（和布蕪）が公開された。2008 年、石田基広はこの MeCab を汎用統計パッケージ R（アール）と連携させるインターフェイス RMeCab を公開した。これにより、計読の一連の作業は各段にスムーズになった。また、これにやや先立ち、2004 年、樋口耕一は更に使い勝手のよい、単体で動く計量テキスト分析ソフトウェア KH Coder を公開した。

2010 年代に入ると、形態素解析は、文章中の品詞と活用形の判定にとどまらず、文中の語句間の係り受け（主＝述関係、修飾＝被修飾関係）の判定という、次の段階へと歩を進めてきた。これと連動して、2010 年代には、こうした形態素解析と計読の発展について特に何も知らないふつうの人々でさえも、その影響を日常的に受けるようになった。インターネットにおける検索エンジンはもちろんのこと、スマートフォンでの文字入力における予測変換や、検索・購買履歴に連動した各種サービス——e コマースにおけるリコメンデーション、ポータルサイトにおける広告表示、SNS におけるマッチング提案など——、列挙すればきりがないが、これらはすべて形態素解析と計読の産物である。

3. 計読私譚——1990年代半ば

1990 年代半ばのこと、私は大学院で社会科学の歴史に関する博士論文の執筆に取り組んでいた。トマス・ホッブズに関する章をまとめるにあたって、1 つの重大な課題を抱えていた。

当時の社会科学系のテキストブックは、ホッブズをしばしばこう解説して
いた。〈ホッブズは政府を持たない人々の暮らしを自然状態と呼び、その内容
を《万人の万人に対する戦争》とした。ホッブズによれば、現実の人間社会
がこのような自然状態でないのは、人々は死への恐怖から、全員一致で主権
の設立に合意し、自然状態を脱したためである〉。社会科学においては、ホッ
ブズに対する肯定的評価も、否定的評価も、多くはこうしたホッブズ理解の
定説に依拠していた。つまり、肯定的評価なら、ホッブズの、道徳性に依拠
しない利己的で短絡的な人間観が社会科学の形成に大きなインパクトを持っ
た、となる。否定的評価なら、ホッブズのこのような人間観は、強大な権力
への服従を求めるための皮相な説得の手段にすぎない、となる。

　しかし、である。実際にホッブズの著述を味読してみると、彼が実にさま
ざまな仕方で自然状態を論じていることが分かる。少なくとも 4 種類あると
言わざるを得ないのである。第 1 に社会生活からすべての法を取り除く思考
実験の結果としての、万人の万人に対する戦争、第 2 に 17 世紀当時の北米大
陸の先住民の暮らしとしてホッブズが知っていたもの、第 3 に政府が崩壊し、
ほかの政府が現れない状態、第 4 にある政府が別の政府との間に置かれた潜
在的な戦争の状態である（左古 1998: 161）。これらを同じ事柄の 4 通りの表現
と捉えるのはかなり難しい。肯定的にであれ否定的にであれ、評価する以前
に、そもそも評価対象の基本的な性格が深刻に見誤られているのでないか。

　重大な発見である。しかし一介の若手研究者がこれを正面から学界にぶつけ
たところで、良くてスルーされるだけである。悪くすると常識を知らない不
出来な輩として否定的な烙印を押されかねない。良くも悪くも、学術研究に
は意外と権威主義と伝統尊重の性格が強いからだ。この無名の若輩者の指摘
を、検討に値するものとして受け取ってもらうためには、周到な手立てが必
要だ。そこで思い立ったのが、ホッブズの著述から、state of nature や natural
condition of mankind、或いは類似のフレーズを、1 つも漏らすことなく全て
抽出し、それらの性質を誰が見ても分るやり方で分類し、それがホッブズの
議論全体を形づくる他の諸要素とのあいだに有する関係様式を特定する、と
いう作戦だった。

　お分かりのとおり、こんにちの計読につながる着想である。しかし 1990

年代半ばという時代は、まともに動くデスクトップ PC 一台が 20 万円以上、ホッブズの著作の電子版は『リヴァイアサン』くらいしか存在しなかった時代である。今なら光回線でネット接続された 5 万円の PC を使って、いくつかのホッブズ全集データベースを検索すれば 2 時間ほどで完了できる作業だが、当時は悲壮な覚悟を要する大決断だった。

　私がこの、労力と時間と金銭と視力を無際限に奪うことが分かり切った消耗戦を実行に移し始めてしばらく経ち、あまりの進捗状況の悪さに博士論文の提出を一年遅らせる決断を迫られ始めたころ、奇跡が起きた。なんと驚いたことに、同様の発見をした論考を含む研究書（Martinich 1995）が刊行され、手許に届いたのである。この時全身を駆け巡った感情は今も忘れない。同志と邂逅した嬉しさ、発見で先を越された悔しさ、この消耗戦から解放される安堵、論文の構成を大幅に変更しなければならない焦り。これらの思いが入れ代わり立ち代わりこみあげて、しばらくは何も手につかなかった。

　ともあれ、人文社会研究においては、同種の指摘をおこなった先行業績が 1 件でも存在するのか、1 件もないのかは大きな違いである。私は同じ主張を、絶望的な消耗戦によってではなく、先行業績を紹介・吟味し若干の新たな解釈を提案するという手堅く効率のよい作戦によって展開することができ、どうにかこうにか期限内に博士論文の提出に漕ぎつけたのだった。

4. 計読私譚——1990年代終わり

　1998 年、博士号を取得した私は、社会科学の歴史に関する次の研究に向けて可能性を探索していた。その中で非常に有望と思われたのは、日本語の社会という語句の来歴を、近代アカデミズムの枠を超えて探索することだった。社会科学はもちろん社会を研究する学であるはずなのだが、じつは社会の代理物を社会の反映と見立てているのであって、社会そのものを研究しているのではないからだ。

　何やらトリヴィアルに聞こえるかもしれないが、そうではない。例えば心理学は心を研究しているはずだ。しかし心はそれ自体としては五感によって感覚できる存在物ではない——心には手触りも、見た目も、匂いも、音も、味

もない——。そこで心理学は何かしら心ではない存在物を心からのメッセージとみなして、その人の心について何かしらの知識を得る。例えば人が発する言葉、描く図絵、その人の心拍や脳波、眼球の動きなどの測定をとおして、心理学は心について何かしらの知を産出する。

社会科学研究にもまったく同じことが言える。日記や新聞、裁判記録や白書、統計やインタビュー、写真や動画、肉声の記録などが、社会について何かを物語っているとみて組織的に調べ、社会について何かしらの知を得る。

この気づきから、私は、社会の代理物ではなく、社会それ自体に迫るにはどうすればよいか、との問いには進まなかった。それよりも重要と思われたのは、社会科学は社会の代理物についての知識であるという資格において、非社会科学者たちが社会について知っていると思っているさまざまの知識と本質的には異ならないという事実だった——異なるのは、よくできた知識か、そうでもない知識か、である——。ならば人が日本語を用いて、実にさまざまなものを社会と呼んできた歴史を、記録資料に基づいて実証的に描き出し、そのなかに社会科学を位置付けることが、日本社会についてのよくできた知識を確実に増やす最善の道であるはずだ。

1998年、この研究の実現に向けた手段を検討していたところ、『読売新聞』が明治7年以降の紙面の画像とタグ付けキーワード群からなるデータベースCD-ROM を発売することが公表された。早速問い合わせたら、正式な発売は 1999 年になるが、発売前のベータ版というのか、プロトタイプというのか、東京大手町の読売新聞旧本社ビルの1階ショウルームに1台だけ、無料で試用できる端末機があることが分かった。それ以降は、もちろん通い詰めた。受付嬢の時に厳しく時に温かい視線を浴びながら、検索、リストアップ、メモ（プリントアウトとファイルのコピーは許可されなかった）の孤独な作業を積みかさねること数ヵ月、明治7年から大正2年までの39年間にわたる『読売新聞』記事のうち、文字列「社会」を含む 2,396 段落のコーパスを得ることに成功した。

先立つ経験がまったく無かったならば、おそらく読売新聞社のショウルームで数千件におよぶ検索結果を目の当たりにした瞬間、すぐに投げ出したのではないか。しかし幸運にも私にはホッブズ研究での経験があった。途中で

中止した作戦ではあったが、原理的には可能であり、かつ、完遂できれば知見の精度は高く、きわめて説得的になるとの強い確信があった。作業を現実的に進めるスケジュール感もその時に得ていた。着手時点で徹底的にトライアル・アンド・エラーをおこなっておけば、作業効率を劇的に高める手段が見つかりやすいという経験則なども得ていた。

　それに加え、この時新たに採用したのは、コーパスを表計算のセルに流し込むという手法だった。当該記事を年月日や、複数の指標によるコーディングによって整理し、語句の使われ方の量的な傾向を発見してゆく分析諸手法である。例えば、この時代の『読売新聞』における「社会」は、四字成句で用いられることが多い。そこで「芸妓社会」や「記者社会」など、職業属性を冠した用例群を《職業社会》としてコーディングし、「上流社会」や「下層社会」など、階層属性を冠した用例群を《階層社会》としてコーディングする。そして《職業社会》と《階層社会》の出現回数や出現率をカウントし、その経時的な傾向を見ながら仮説を構築する、といったことである[1]。

　こうした新聞記事の主題別分類、リスト化、コーディングの諸手法が、20世紀の新聞研究のなかで内容分析 (content analysis) の名で発展してきた技法そのものであると知るのは、ずいぶん後のことである[2]。また、形態素解析も、あるいはこの時点ですでに援用可能だったのではないかとも思われるが、全く知らなかった。まさか自分の研究が言語学、文法学、情報科学、統計学などと関連するとは想像だにしていなかったのである。

5. 計読にかかわる素朴な疑問──2000年代以降

　習熟とは恐ろしいもので、ホッブズ自然状態の分析と明治期の『読売新聞』における社会の分析の経験から、実は私は今でも専用の計読ソフトではなく、

1──こうした研究成果は、実は 1999 年のうちに完成していたのだが、ある事情により 9 年間にわたりお蔵入りになった。それが（左古 2007）として目の目をみることができたのは、中江圭子氏の忠告のおかげであった。ご本人がどう記憶しているか、あるいはそもそも覚えているかどうかも分からないのだが、記して感謝する。

2──内容分析と計読の関係については（樋口 2014）に詳しい。

MS エクセルの検索／置換、セル着色、ソート機能だけで分析をおこなうことが少なからずある。形態素解析もネットワーク図もコンコーダンスも使わずに、ざっとリストをスクロールしながらコーディングのアイデアを出したり、カテゴリー間の関係についての仮説を練ったりするのが楽しいし、結果的には意義深い知見の導出に成功することが多いのである。計読ソフトはそうして得た知見の信頼性を確かめるのには有用なので使うのだが、知見を得るまでのプロセスはどの計読ソフトを使うより表計算のほうが、私にとっては楽しいし易しい。

さて、2000 年代後半になると私は幸いにして大学に職を得、学部生や院生にこうした技法を教える側に立った。そこでようやく、こうした技法が他の研究諸技法や研究諸主題とどのような関係にあるのか調べざるを得なくなり、内容分析や言語学をはじめとする上述の関連諸領域について多くを泥縄式に学んだ。また、学生がそれぞれの課題関心からデータセットを作成し分析を試みる中で浮上してくる素朴で切実な疑問から、手続きを洗練させる必要性を痛感するようにもなった。特に、自分が作成したデータセットにおいて、ある語句の用例が多い／少ない、増えた／減ったと言える根拠についてどう考えたらよいか分からない、という、至極まっとうで強力な疑問が提起されることが一再ならずあった。

この疑問に対して、一律に当てはめるべき基準は存在しえないと思われたし、今でもそう思っている。計読において、何をもって多い／少ないとするのか、増えた／減ったとするのかは、その都度、分析者が必要に応じて明示すべきものと考える（左古 2019b: 37）。

少なくとも確実なのは、そうした基準が存在しないからといって計読の意義を全般的に否定するのは早計だ、ということだ。なぜなら、こうした疑問は計読固有の難点なのでは全くないからだ。むしろ計読は、これまでの、計読を用いない旧来の諸研究に潜在していた重大な諸課題を、単に顕在化させているだけなのである。これまでの人文社会研究においては、何かが多い／少ない、増えた／減った、成長した／衰退した、強い／弱い、重要だ／重要でない、急速だ／緩慢だなどといったことを、基準を明示せずに（基準を明示する必要すら意識せずに）断定することが当たり前だった。この大問題の存在を

抉剔したのは計読の欠点ではなく功績である。

　これに類する、より高度な問題としては、ある著者の思想の変化を、計読によって読み取ろうとする場合に生じる次のような疑問がある。一人の大思想家が、10年を隔てて著した2冊の図書があるとする。その2冊のあいだでは、用いる語句や共起関係に違いがある。しかし、だからと言ってそれが直ちに思想の変化をあらわしているとは言えない。なぜならその2冊では主題が異なるからである。主題が異なれば語句の出現や共起に相違があるのは自明である。

　これはじっさいに某学会の年次大会で、計読による思想研究の報告をおこなった若い研究者に向かって、年長の伝統的研究者が発した疑問である。聴衆の一人だった私は、ハラハラしながら議論の行方を見守っていた。私なら〈実はこれも、計読を用いない従来の諸研究に潜在しながら明確には問われてこなかった課題を、計読が顕在化させているだけだ。つまりこの疑問は質問者自身にそのままブーメラン式に戻ってくる〉とでも述べて、相打ちに持ち込んだだろう。しかし報告者が発した応答を受けて、フロアは残念ながら否定的なコメント一色となった。報告者はこのように抗弁したのだ。〈この10年の大きな思想変化は私のオリジナルな発見ではなく、先行研究で述べられている定説だ。この報告の意図は、計読を用いてその定説を裏付けることだった〉。

　フロアの聴衆は〈報告者はいたずらに新しい方法に飛びついて失敗して、定説の追認へと逃げ込んだ〉と解してがっかりしたのだった。私も一瞬そう思った。しかし同時に、報告者の言葉の背後に何かもっと本質的な指摘が潜んでいることも直観した。残念ながら、その時はうまく言葉にできず、報告者に助け船を出すことはできなかったのだが。

　今なら言葉にできる。ある主題について、先行諸業績の要約によって構築した仮説を、適切なデータセットの計読を通して再検証することには重大な意義がある。と言うのは、そうすることで、複数の仮説への判断を、真／偽という二元的な断定ではなく、妥当性の程度の比較評価へと置き換えることができるのだからである。どのような仮説も、100パーセント正しかったり100パーセント間違っているのではなく、大きかったり小さかったりする何

らかの妥当性を有すると捉えることができるのだからである。

　或いは、同じことをもっと決定的な仕方で、次のように言い直すこともできる。仮にこうした計読による比較評価において優位に立った仮説Aと劣位に立った仮説Bがあるとする。この時、仮説Bは決して無価値ではないのである。むしろ、仮説Aにも仮説Bにも妥当しない諸事実を計読により抽出した場合、仮説Bの改良に取り組んだほうが、仮説Aよりもそれらの諸事実をうまく包摂できる可能性を拓くことすらある。或いは仮説A、Bいずれにも基づかない第3仮説の探索に乗り出すこともできよう。これが最も健全な形態における科学的対話のあり方でなくして何だろうか。

6. 計読コミュニティの形成——2010年代

　ある主題について適切に形成したデータセット内における語句の出現と共起を計測することで、当該主題に関する先行業績に基づき形成した諸仮説の妥当性を比較・評価し、より妥当性の高い仮説を探索できる。つまり計読は大量の文章を大まかに要約することに貢献するだけでなく、明瞭に確定された論点について、より噛み合う議論をおこない、学術研究を実質的に前進させる作用を持つのだ。

　と、言うことは、計読の今後に必要なのが、手続きの標準ルールを策定し、そのルールに従っているかどうかで知見の良し悪しを判定することであるはずがないだろう。そうではなく、必要なのは、計読によって得られた知見を、仮説とデータセットを複数の人がシェアし、当該知見に至るプロセスを丁寧に追体験することによって、建設的な批判や改善提案の可能性を開くことなのである。

　そうした趣旨から、2014年、東京都立大学（首都大学東京）にゆかりのある研究者を核として、計読を実践する人々がお互いに成果や疑問を持ち寄り、議論し、腕を磨き合うことができるコミュニティ、ソーシャル・コンピュテーション学会[3]を設立した。当初10名に満たなかった会員は、2020年現在、社

---

[3]——ソーシャル・コンピュテーション学会の設立の趣旨はもっと広く、コンピューターを創

会学研究者を中心に 30 名ほどにまで増え、活動範囲は日本全体に広がった。民間企業のマーケッターや、相談事業をおこなう非営利団職員などをも巻き込みながら、東京で年 2 回の研究例会をおこなってきた。その 7 年に渡る活動のエッセンスを紹介するのが本書である。

　本書の著者として名を連ねる会員たちのなかには、私のようにほとんど表計算ソフトだけで計読をおこなう化石クラスの旧人から、KH Coder や RMeCab、IBM/SPSS Textanalytics for Surveys など近年の扱いやすいソフトを用いる現人類、はては Python で自らユニークなプログラムを書いたり、R などを駆使して非言語情報を組み合わせた分析をおこなったりする、未来から来たタイムトラベラーに違いない人々まで揃っている。主題もデータセットの性質もさまざまだが、集まっては成果を披露しあい、議論しあってきた。旧人としては〈未来人の知見だって、私なら表計算 1 つで導ける〉などと虚勢を張りながらも、未来人たちが〈いやいや、この方法を取ることには固有の意義が…〉と説得に躍起になること自体に、重大な意義があると思っている。

7. 計読の近未来

　今後は以上を踏まえて、計読を、公共の諸課題をめぐる諸議論の布置連関状況を整理し、各々の主張に座標を与えて〈見える化〉するためにも使ってゆくべきだと考えている。公共の諸課題をめぐる諸主張がインターネットのカオスの中を浮動明滅するようになり、誰が何をどのような意図で論じているのか、ますます分からなくなってきた。発言に重い責任を有するはずの公僕や企業経営者、学者などが、事実の解釈以前の、議論の余地がないレベルの単なる虚偽をオルタナティヴ・ファクトなどと称して平然と流布するようにもなってきた。そう遠からぬ将来、言語を用いたコミュニケーションがトータルにメルトダウンしかねないという危機感が、私にはある。

　せめてこのカオスを〈四角いジャングル〉程度には縮減し、噛み合う議論

造的に使った人文社会研究全般——例えば GIS（地理情報システム）や AI（人工知能）、映像を用いた研究、各種の統計技法など——のためのコミュニティである。

に向けて、発言を求めるすべての人々をファシリテートできる仕組みが必要だ。左古（2019a）におけるジェンダー議論の整理、左古（2019b）における市民社会に関する諸論の布置連関の分析、そして本書の第1章における新自由主義の分析は、言わばその前哨である。読者諸賢には、その是非や現状における成否の程度について本書をお読みいただいたうえで判断していただくとともに、さらに幅広い参加をお願いしたい。前置きが長くなった。ここでひとまず筆を置く。

2019 年 10 月 24 日　南京大学仙林校区にて

編者　左古輝人

本書は科研費 18K02032 による研究成果の一部であり、東京都立大学 2020 年度傾斜的研究費社会連携支援による出版助成を受けた。記して感謝する。

[参 考 文 献]

樋口耕一，2014,『社会調査のための計量テキスト分析―内容分析の継承と発展を目指して』京都，ナカニシヤ出版.

Martinich, Aloysius Patrick, 1995, *A Hobbes Dictionary*, Oxford (UK), Blackwell.

左古輝人，1998,『秩序問題の解明――恐慌における人間の立場』東京，法政大学出版局.

左古輝人，2007,「何が社会と呼ばれていたか――明治の用例研究」『現代福祉研究』7: 207–224.

左古輝人，2019a,「日本の定期刊行物記事における語句「ジェンダー」とそれを取り巻く語彙の変遷　1980 年代―2015 年」江原由美子ほか著『争点としてのジェンダー――交錯する科学・社会・政治』東京，ハーベスト社，5–38.

左古輝人，2019b,「日本における市民社会という語句 ――テキストマイニングによる一観念史」『人文学報』515-1: 33–68.

新自由主義の探究

──日英の比較から──

左古 輝人

1. はじめに──新自由主義の迷路

　この章は、過去 100 年以上にわたり日本語の新自由主義という語句が何を意味し、何を指し示してきたかを、計読を用い、英語の neoliberalism（neo-liberalism, neoliberal）と比較しつつ明らかにする[1]。そうすることにより、新自由主義を、その多義性を保存しつつ、どうすれば現代世界の全般的で不透明な状況変化とその行方を捕捉する有意義なキーワードとして活用してゆけるのかを示す。

　21 世紀に入りすでに 20 年を経過した。この間、先進国を中心に脱工業化がますます進行し、所得や教育の格差が拡大し、テロリズムが頻発し、福祉国家が衰退し、グローバリズムとその反動（アンチ・グローバリズム）が台頭してきたと言われる。新自由主義は、こうした全般的で先行き不透明な状況変化の傾向およびその行方をリアル・タイムで言い当てようとする、新たなキーワードとして浮上した。

---

[1]──分析にはマイクロソフト社 Excel 2016、IBM/SPSS 社 Textanalytics Version 4、樋口耕一 KH Coder Version 2 を用いた。分析の最小単位は、題目については題目 1 件、本文の分析では 1 文とした。

13

新自由主義というキーワードの浮上は日本に限ったことではない。日本語と英語の図書と逐次刊行物記事（以下、逐刊と略記）のうち、題目に「新自由主義」を含むものの件数をカウントしてみると【図1】のとおりである[2]。日本語、英語、いずれも前世紀末から件数を大きく増やしているのが見てとれる。

	英語図書	英語逐刊	日本語図書	日本語逐刊
–1979		3	14	43
1980–84	1	5	1	28
1985–89	2	15	3	18
1990–94	15	7	2	16
1995–99	33	250	6	106
2000–04	66	560	10	411
2005–09	163	1295	45	909
2010–14	223	1820	58	680
2015–	136	873	17	288

図1 「新自由主義」を題名に冠した刊行物の件数

ただし、新自由主義という語句が、現代の生存状況を言い当てる適切なキーワードになり得ているのかどうかについては疑問の声も多い。

> …この言葉【新自由主義には】多分に実体がない——具体的にまとまったある理論とかイデオロギーとか、特定の政治的・道徳的立場を指す言葉というよりは、せいぜいある種の「気分」を指すもの、せいぜいのところ批判者が自分の気に入らないものにつける「レッテル」であって「ブロッケンのお化け」以上のものではないのではないか…。

(稲葉 2018: 8 【　】内引用者)

2——【図1】は NDL ONLINE および Webcat Plus に収録された日本語の図書および逐刊の題目に新自由主義を含むもの 156 件 +2,559 件、および British Library OPAC に収録された英語の図書および逐刊の題目のうち「neoliberal (neo-liberal, ism, ist など)」を含むもの 639 件 +4,899 件を集計して作成した（2019 年 11 月現在）。

新自由主義は…不明瞭なキャッチ・フレーズだとして退ける批判者もいる。　　　　　　　　　　　　　　　　　　　（Steger & Roy 2010: Foreword）[3]。

この膨大かつなおも成長中の著述群を調査してみると、しばしば新自由主義は、近代世界に関するほとんどいかなる議論をも解きほぐし、その活路を開くことができる万能の概念的スイス製アーミー・ナイフのように扱われている。　　　　　　　　　　（Eagleton-Pierce 2016: Introduction）

新自由主義は批判的な学者たちにとって便利な藁人形、あるいは虚仮威しでさえあり、…人間の社会生活の特徴、特質をあらわすのに使える概念というより、或る種の全体化をおこなうための修辞的符号あるいは言葉の綾に終始する恐れがある。　　　　　（Springer et al. 2016: Introduction）

学術において新自由主義は論争的な語句である。…幾人かにとっては、新自由主義は決まり文句、キャッチ・フレーズであり、あまりに繰り返し使われすぎて意味を失ってしまった語句である。（Wilson 2017: Introduction）

尋常でない数の、しばしば互いに矛盾した諸現象が新自由主義として同定されるようになってきた。　　　　　　　　（Cooper et al. 2018: Introduction）

新自由主義の対立する諸定義は山ほどあるし、多くの人はその中から或る定義や別の定義を参照してきたのだが、新自由主義は定義すべきでない、あるいは適切に定義できないとの主張がなされる傾向が続いてきた。
　　　　　　　　　　　　　　　　　　（Cahill & Konings 2017: Introduction）

　こうした苦言には一理ある。しかし〈そういうわけなので新自由主義などという不出来な語句はさっさと公的言論から追放してしまいましょう〉とす

3──このケースをはじめとして、電子書籍にはページ番号を明記できないものが多いためこうした表記で処理した。以下同じ。

るなら、それは勿体ないことだ。次に説明するように、混乱、曖昧、無意味といったネガティブな性質は、こんにちの新自由主義だけでなく、近代世界の自己理解・自己表象を代表するような重要キーワードの多くにつきまとってきたのだからだ。

2. 近代世界の重要アンブレラ・ターム
――国家、社会、資本制

　1個や数個のカテゴリーでなく、きわめて多くのカテゴリーを傘下に擁する包括的なカテゴリーはアンブレラ・ターム（umbrella term）と呼ばれる。公的議論を行うならどうしても使わずには居られないような近現代の重要キーワードには、そうしたアンブレラ・タームの極限的な事例が多い。

　例えば、現代日本語で国家と翻訳されるステート（state）は、15 世紀のラテン語（status）ではある政治体制の指導者が考慮すべき各種状況（state）と指導者自身の地位（status）を指していた。それが 16 世紀伊国において政治体制そのものを指すようになり、ついに 17 世紀英国では政治体制を欠いた状態（natural state）と政治体制を有する状態（political state, civil state）という、対極的な事象を等しく指し示すことができるほどの、異形の包括性を獲得した。そうしてステートはかなり曖昧で混乱し矛盾した内容を持ちつつ、公的議論に不可欠なアンブレラ・タームとなった（Skinner 1989）。この延長線上でのことだろう、現代でも政治的な事象について語るに際してステートという語句を用いないのはきわめて難しい。

　日本語の国家は、漢語の起源においては王侯とそれに準ずる有力者たちの意であり、そこから派生して有力者たちの力がおよぶ空間的領域を指した。現代日本では王侯のような世襲有力者は政治体制の中心から退場し、それと入れ替わって被治者国民の存在が政治体制の存立を説明する最大のイデオロギー的根拠となっている、つまり起源とは著しく異なる政治状況にある。にもかかわらず、私たち日本人は自らの政治体制を指して国家と称し続けている。

　ソサイエティ（society）は、16 世紀のラテン語（societas）では人々の特定目的

のための自発的結合を意味していたが、17世紀末の英国において政治体制をそのようなソサイエティとみるイデオロギーが生成した（Withington 2010）。19世紀以降には、とくに英国の後塵を拝した諸地域において、〈現実の政治体制はソサイエティではない〉、あるいは〈現実のソサイエティは特定目的のための自発的結合ではない〉といった、混乱し、矛盾した主張がおこなわれるようになった。

　こうした経緯がなければ、現代、ソサイエティが、政治体制を含みながらはるかに広く多様な人間諸関係を、きわめて高い抽象度で指し示すアンブレラ・タームとなることはなかっただろう。ソサイエティの諸用法が単なる矛盾、単なる混乱とみなされ、ゴミ箱行きになっていたならば、ソシオロジーもソーシャリズムも、グローバル・ソサイエティもソーシャル・メディアもなかっただろう。

　その日本語訳、社会は、漢語の起源においては土神をまつる祭祀、およびそのための人々の組織を指していた。現代では土神祭祀に限らず、人々の訳ある集いならば何でもかんでも指し示す、カード・ゲームのジョーカーのごとき語句として、ソサイエティの訳語に相応しい包容力を有している（左古 2006）。

　キャピタリズム（Kapitalismus, capitalism）、資本制という語句を、社会科学上格別に重要な意味を込めて用いた最初の人物はカール・マルクスだったと思われる。彼がその名辞のもとに捉えていたのは、かつて自由主義的で個人主義的だった英国の産業形態が、18世紀半ばから19世紀半ばの工場制大工業の成長と賃労働の普及によって、全く異なるものへと変貌してゆく有様だった。

　これに対して、マルクスとともに近代資本制論の双璧をなすマックス・ヴェーバーはどう論じたか。ヴェーバーが資本制のエートスと称したのは『ウェストミンスター信仰告白』（1646）とベンジャミン・フランクリンの『自伝』（1771）、そして20世紀初頭の米国に見られたというスポーツのような金儲け競争に共通する思考と行動の様式だった。さて、果たしてマルクスとヴェーバーは資本制という語句によって同一の対象を指し示していたのか。20世紀の多くの社会科学者たちは、そんな疑問に立ち止まって考え込むよりも、両者のあいだに同一性を仮定し、資本制をアンブレラ・タームとして扱ったほうが社会科学の理論的発展に有利であることを見抜いた（大塚 1966）。

こうした事例は他にも挙げられるが、紙幅に制約があるのでこのあたりで
やめておく[4]。要するに分かっていただきたいのは次のことだ。一過性の流行
におわらず歴史の風雪に耐えて公的議論を司る重要なアンブレラ・タームは
いずれも、雑多な人々によって使用され、その当初の意味とは異なるもの——
極端な場合は逆のもの——をも包摂し、混乱している、とか、無意味だ、など
の苦情さえも呑み込みながら、容易には失われない強さを獲得してきたので
ある（ラヴジョイ 1936=1975: 21–22）。

　本章は、新自由主義が、その存外長い経歴と、混乱し矛盾し曖昧な性格ゆ
えに、今後、このような意味における重要アンブレラ・タームの1つに加わ
る可能性を想定している。そうなるかどうかは分からないし、そうなるべき
かどうかもここで断定する必要はない。ただ、そうしたポテンシャルを有す
る語句は他にそうたくさん存在するわけでもなかろうから、大切にしたほう
がよい。こんにち、国家の境界が不鮮明になり、社会の存在が実感しにくく
なっていると思うなら、また、資本制の課題が噴出していると思うなら、な
おのこと、もう1つ、言論の地平を画するほどの潜在的資質を持った、別の
新たなキーワードの動向をウォッチしておくべきである。

3. 20世紀の4つの新自由主義

　新自由主義は今世紀に忽然と現れた新造語というわけではない。すでに【図
1】に見えたように、20世紀にも新自由主義という語句は用いられていた。

　ただし20世紀の新自由主義は、それを用いる人々のあいだで互いに参照し
あうこともあまりなしに、多岐にわたる諸思潮を散発的に名指す名辞だった。
①20世紀前半の日本では、第1次大戦後の更なる社会改造に向けた理念が新
自由主義の名で提唱された。②20世紀半ば、国家社会主義労働者党の支配が
崩壊した後のドイツでは、新自由主義という呼称は、経済復興のために自由

---

[4]──こうした混乱、矛盾は近現代の重要キーワードの最低条件とさえ言えるのではないか。
　　　例えばファミリーの観念史については Tadmor（2001）、ジェンダーの観念史については
　　　ジャーモン（2009=2012）を参照。

市場経済の人為的な設計を構想した人々に対して、社会主義者たちが貼った負のレッテルだった。③アメリカでは1970年代以降、豊かな社会におけるケインズ政策の失効を宣言する〈小さな政府〉論が、新自由主義として言及された。さらに④日本では20世紀初頭の英国におけるニュー・リベラリズム、米国におけるニュー・フリーダムも新自由主義の名で翻訳・紹介されてきた。

　ここでは分析の出発点として、これら20世紀の4種の新自由主義を概観しよう。

3.1　戦前日本新自由主義

　①戦前日本新自由主義の存在は、【図2】のように当時の日本の図書と逐刊記事の書誌情報を抽出してみるとはっきりする[5]。1918年以降、上田貞次郎と鶴見祐輔の名とともに新自由主義への言及があることが分かる。なおリスト冒頭に見える、1914年の關和知訳「新自由主義」は、米大統領ウィルソンの著書 *New Freedom*（1913）の翻訳のことだから、④の存在の証拠でもある。

　上田、鶴見らが戦前日本新自由主義を提唱した背景には、日本が日露戦争（1904–05）と第1次大戦（1914–19）を経て列強の一角として国際的に認知され

ID	題目	著者	誌名、発行年など
逐刊1	〈新刊紹介〉關和知譯「新自由主義」	N/A	經濟學商業學國民經濟雜誌 17（1）1914–07 p.155
逐刊2	新自由主義の企業者職分論：士族的職分思想家としての上田貞次朗博士	上田 辰之助	一橋論叢 7（1）+1941-01-01 p.12–32
図書1	新自由主義のために：立候補にあたり志を述ぶ	鶴見祐輔	19–, 32p, 19cm
図書2	新自由主義：縮刷	N/A	1918.12, 852p, 19cm
図書3	新自由主義雑考	上田貞次郎	昭和2
図書4	新自由主義	鶴見祐輔	昭和2, 377p, 20cm
図書5	中道を歩む心：新自由主義論	上田貞次郎	昭和2, 503p 肖像, 19cm
図書6	新自由主義と自由通商	新日本同盟調査部	昭和3, 再版, 409p, 19cm

図2　「新自由主義」を題目に冠した日本語図書および逐刊記事（1914-1941年）

5——【図2】は【図1】と同じ資料から作成した。

るようになったことがあった。当時、日本が次なる発展に向けて見習うべき政治経済思想としては、一方に17世紀以来のアングロ・アメリカの古典的自由主義と、その内在的修整を図ろうとする19世紀末以来のニュー・リベラリズムがあった。他方には第1次大戦とともにロシアで始まった社会主義の実験があった。日本の国内政治思想は維新体制の護持を旨とする保守と、社会主義に人類全体の未来を託そうとする革新に二分されていた。

　維新体制の単なる護持には発展性がなく、しかも既得権の弊害が大きい。かといって社会主義は実験段階にあって繁栄への道を保証するものではない。そうした問題意識から提唱された戦前日本新自由主義は、保守と革新の両翼に対する一種の中道思想だった。それは人間観としては古典的自由主義が前提とする利己的な欲望主体としての個人ではなく、社会的に陶治された人格を強調した。経済観としてはそのように陶治された義人たちが、後発国の現実に合わせ、集産主義（collectivism、ファシズムと社会主義）を手段として機会主義的に容認しつつも、集産主義それ自体を目標とは決してせず、日本を究極的には自由主義的な産業発展へと導くことを希求した。

3.2　戦後ドイツ新自由主義

　②戦後ドイツ新自由主義、③反ケインズ新自由主義、④ニュー・リベラリズム、ニュー・フリーダムとしての新自由主義については、題目に「新自由主義」を冠した日本語逐刊のなかで出現する人名をカウントするとわかりやすい。概要は【図3】のとおりである[6]。古いほうから順に見ていこう。

　1960年代から出現するヴァルター・オイケン、アレクサンダー・リュストウ、ルートヴィヒ・エアハルトらは、②戦後ドイツにおいて新自由主義レッテルを貼られた論者たちである。これが日本では今世紀初頭にいたるまで他に比して多く、かつコンスタントに言及されてきた。つまり20世紀後半の日本

---

[6]───【図3】の作成には、【図1】の元となった書誌情報リストに掲載された日本語逐刊記事のうち、入手できた本文を用いた。入手できたのは1900–60年0点（5点中）、1961–79年5点（43点中）、1980–89年9点（46点中）、1990–94年3点（16点中）、1995–99年11点（166点中）、2000–04年45点（411点中）、2005–09年79点（909点中）、2010–14年73点（680点中）、2015–19年97点（288点）の、合計322点である。

において新自由主義と言えば、まず戦後ドイツ新自由主義を指していたのだ。

1945年の敗戦後、ドイツが経済再生を図るにあたり、戦時統制を継続する道はもちろん絶たれていた。そこに残されていた経済政策の指針は自由主義市場経済と社会主義計画経済だったが、現実にはあらゆる物資が絶対的に欠乏しており、レッセ・フェールを主張することは端的に無意味だった。当時のドイツの経済状況は自由主義者にきわめて不利、社会主義者に有利だった。

そこで自由主義者たちは、財やサービス、労働力の市場を機能させるために国家が積極的に介入する必要性を主張した。計画経済を唱道する社会主義者たちは、こうした自由主義者たちを、自らの理論的根拠を掘り崩してまでブルジョワ階級の利益に奉仕する御用学者と見なした。かくして社会主義者は、新自由主義という新造語を蔑称として用いた。

日本で戦後ドイツ新自由主義が紹介される場合には、そうした負のレッテルとしての含意は継承されなかった。ドイツと同じく焦土と化した日本が再生を図り、さらなる発展を追求するにあたって、戦後ドイツ新自由主義は積極的に参照すべき1つの主要なモデルとして尊重された。それは【図3】に見えるように、今世紀の初頭に至るまで継続した。

3.3　反ケインズ新自由主義

【図3】の1980年代から出現するミルトン・フリードマンは戦後米国の③反ケインズ新自由主義の代表的論者であり、ロナルド・レーガン、マーガレット・サッチャー、中曽根康弘は70年代末から80年代にかけて、フリードマンの経済理論を重視した政権運営をおこなったとされる政治家である。

1929年以来の大恐慌の苦境を乗り越えるために、米フランクリン・ローズヴェルト政権（1933–45）はジョン・メイナード・ケインズの経済理論を主要な参照基準とし、国家が大規模に財を供給して雇用を生み出し、供給に見合う需要を喚起することによる経済蘇生を企図した。この政策路線は戦時統制経済を挟んで戦後へと継承され、リンドン・ジョンソン政権（1963–69）に至るまで総じて維持された。

米英でケインズ理論の代替策が深刻に希求されるようになったのは、オイル・ショック後の原料価格の上昇により、重化学工業主導のさらなる経済成

1961–1979		1980–1989		1990–1994		1995–1999	
オイケン	3	ホブソン	5	オイケン	5	デルケン	18
リュストウ	2	ケインズ	3	エアハルト	4	スミス	4
エアハルト	2	フリードマン	3	リュストウ	3	山崎怜	3
ミュラー	1	ハイエク	3	レプケ	3	藤岡純一	3
ハイエク	1	中曽根康弘	2	ケインズ	3	ホブソン	2
レプケ	1	レーガン	2	フリードマン	2	中曽根康弘	1
		サッチャー	1	ブキャナン	2	フリードマン	1
		エアハルト	1	マルクス	2	ブキャナン	1
		オイケン	1	レーガン	1	橋本龍太郎	1
		ホブハウス	1	サッチャー	1		
				ミュラー	1		

2000–2004		2005–2009		2010–2014		2015–2019	
ホブソン	47	小泉純一郎	37	ハーヴェイ	44	フーコー	126
ケインズ	42	ケインズ	35	フリードマン	32	ハーヴェイ	85
リップマン	14	中曽根康弘	29	ケインズ	29	ハイエク	39
レーガン	12	レーガン	27	ハイエク	28	フリードマン	37
オイケン	12	サッチャー	26	小泉純一郎	26	レーガン	35
ブッシュ	10	ハイエク	25	渡辺治	26	ケインズ	35
リュエフ	9	ハーヴェイ	24	サッチャー	22	サッチャー	31
サッチャー	8	浅野かおる	17	レーガン	20	ハートウィック	27
金大中	8	ゼーラント	14	権上康男	16	リュストウ	26
ハイエク	8	フリードマン	12	佐貫浩	15	渡辺治	24
ホブハウス	8	安倍晋三	11	世取山洋介	15	平井秀幸	23

図3 「新自由主義」を題目に冠した日本語逐刊記事本文における頻出人名

長が見込めないことが明白になった 1970 年代半ばである。これ以降、米国
ではレーガン（1981–89）、英国ではサッチャー（1979–90）が政権を握り、公有
財産・公営事業の民間売却と規制緩和を柱とする経済刺激策を推進した。こ
うした反ケインズ的経済政策の要諦を 60 年代前半にすでに公にしていたの
がフリードマンであった。

　レーガン、サッチャー両政権に対するフリードマン経済理論の影響の程度
は定かとは言えないが、批判する側は三者をひとまとめにして新自由主義の
レッテルを貼った。これが〈新〉なのは、1 つには、個人主義の人道的主張

を伴う古典的自由主義と異なり、大企業の活動にきわめて寛容だからだ。もう1つには、欠乏からの自由を重視するケインズ経済理論とは異なり、豊かな社会における更なる利益追求の権利を主張するためだ。

　日本でフリードマンの名がきわめて盛んに言及されるようになったのは、【図3】に見えるように、今世紀に入ってからだ。20世紀後半の日本を見る限りでは、反ケインズ新自由主義は、ドイツ新自由主義に比べマイナーな存在だった。これは、日本では高度経済成長の惰力がオイル・ショックの衝撃を緩和し、米英ほどの深刻な問題意識を形成しなかったためだ。90年代、長期不況に突入してもなお高度経済成長の成功体験の記憶が生々しくケインズ理論と戦後ドイツ新自由主義に回収できない問題意識が形成されることはなかった。それが変わってきたのかも知れないのは2000年代、少子高齢化（と人口減少）および国内製造業の衰退が明白になってからだった。

3.4　ホブソン新自由主義

　【図3】の1980年代に5件、1990年代に2件、2000年代前半に47件出現

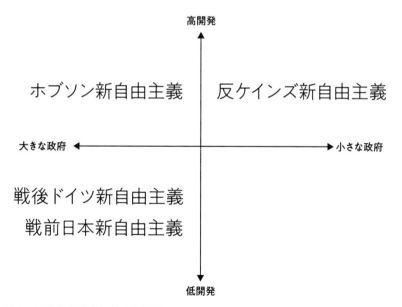

図4　20世紀新自由主義の四類型

するジョン・アトキンソン・ホブソンは、20世紀前半英国における④ニュー・リベラリズムの唱道者の1人である。これが日本では、21世紀初頭に至ってさえも新自由主義の訳語で盛んに言及されていた。

　ホブソンは、当時の英国産業経済の現実が古典的な自由主義の理念に逆行しているとみていた。国内外の個人たちは巨大化した企業群の抑圧や搾取、横暴に翻弄されており、レッセ・フェールでは本来の自由主義が重視する最も基本的な価値である機会平等を達成できない。ならばそれを実現すべく国家が積極的に介入すべきであると主張した。

　日本でホブソンらのニュー・リベラリズムが新自由主義として言及されることは、単に英語の new と neo が日本語にするとどちらも〈新〉になることに起因する翻訳上の混乱として片づけるべきではない。むしろ積極的に掘り下げるべき意義がある。〈自由のための平等を保障するのは国家の役割〉とするホブソンの主張は、のちのケインズ理論にとっても、戦後ドイツ新自由主義にとっても理論的要となったのだからである。

　以上に概説してきた20世紀の4つの新自由主義を【図4】のように要約できる。新自由主義がアンブレラ・タームとして一定の素質を有することが分かる[7]。

4. 図書と逐刊の題目による全体の概観

　【図1】に明らかなように、1990年代以降、新自由主義を題目に冠する図書と逐刊は最大の量的増大を示した。そして【図3】に見えるように、特に2005年以降は20世紀の4つの新自由主義言論を彩った人名のほとんどが言論の量的増大に圧倒されて目立たなくなり、フリードマンとケインズを残すのみとなった。また、これと入れ替わりに、20世紀には影も形もなかった人名、特に㋐デヴィッド・ハーヴェイとミシェル・フーコーが2005年以降になって突然出現

---

[7]──【図4】の4象限の空白部分つまり〈低開発かつ小さな政府〉には、Klein（2007: 76-98）に言及されたような、1970年代以降のラテン・アメリカ諸国で行われた一連の実験を主導したタイプの新自由主義が該当するだろう。今回のデータ・セットからは検出できなかったため、注記にとどめる。

し、言及される[8]ようになった。1990年代以降、新自由主義をめぐる言論には、量だけでなく質にも変化があったと想定される。

4.1　21世紀新自由主義の理念型

　前節の考察から、20世紀新自由主義の性質はある程度分かってきた。次に、さらに複雑性を増していると想定される今世紀の新自由主義の分析に歩を進めるにあたり、分析の基準を定めておくのが得策である。ここでは2010年代の英語の新自由主義言論を材料に、21世紀新自由主義の理念型を作成する[9]。

　データ・セットの約56,000文から、新自由主義の概念内容が凝縮されている文を効率的に濾し取るために、新自由主義という文字列の直前か直後にコピュラ（copula, いわゆるbe動詞）かasを伴う文、および、neoliberalとconcept, idea或いはその類語が共起する文を抽出した。この作業により1,440文が得られた。

　得られた1,440文をおしなべ、そのなかでの語句の出現・共起関係を概観したのが【図5】と【図6】である。【図5】は新自由主義と共起頻度が高い語句群のリストである。【図6】はそれら語句同士の共起関係の概要である。各語句のマルの大きさは出現の多寡をあらわし、線の太さは共起の多寡をあらわす。

　まず【図5】から、社会、経済、政治、市場という4語句が他を圧倒して

8——以下、下線付き⑦から⑨は、21世紀新自由主義に関して特に重要な事実をあらわす。読者の便宜のために付した。

9——21世紀新自由主義の理念型を作成するにあたり資料としたのは、2010年代の英語図書で題目に新自由主義を冠するもののうち、電子版で購入できた（2019年11月現在）ものの本文である。入手できたのは6点、内訳は（Steger & Roy 2010）、（Eagleton-Pierce 2016）、（Springer et al. 2016）、（Cooper et al. 2018）、（Wilson 2017）、（Cahill & Konings 2017）である。（Wilson 2017）は単独著書、（Eagleton-Pierce 2016）は単独著者によるアルファベット順用語集である。（Steger & Roy 2010）と（Cahlill & Konings 2017）はそれぞれ2名による共著書である。（Springer et al. 2016）は3名の編者と68名の寄稿者による論文集、（Cooper et al. 2018）は4人の編者と60名の寄稿者による論文集である。これら6図書を合わせて電子テキスト化し、ピリオドとエクスクラメーションを基準に分解することで、約56,000文からなるデータ・セットを得た。

頻繁に用いられていることが分かる（概念が最多であるのは抽出方法から自明である）。そこで、これら4語句のあいだの関係を概観するために、1,440文からこれら4語句をすべて含む文を抽出すると、次の3文が該当する。

> 学者の大多数は、新自由主義は経済、政治、社会を含む生活の全領域への競争的諸市場の拡張として広く定義されることに合意しがちである。
> （Springer et al. 2016: Introduction）

> 介入主義者として同定され得る人々、つまり、人間行動をコスト＝ベネフィット計算の一形態として概念化することに執着し、さらなる経済的繁栄の手段として適切な誘因を提供することに基づく統治構造に拘り、社会を統治するに国家諸機関やそのほか非市場的諸装置を配備することを好む人々を含む多様な政策諸志向を伴う、理論的および政治的諸立場の一群を包括する新自由主義は、統治性の一形態として見られるべきだ、というのが我々の主張だ。
> （Cooper et al. 2018: Ch. 9）

concept	411
political	384
social	267
economic	227
market	211
state	149
capitalism	132
critical	119
idea	109
ideology	96
pracice	96
analysis	85
work	83
development	82
different	79

図5　2010年代の英語図書群における「新自由主義」定義のなかで頻出する語句

新自由主義を自由市場イデオロギーと資本制的編成として概念化する政
　　治経済学的諸アプローチ、および、統治性の政治的、経済的、社会的、言
　　説的諸次元を強調する諸研究を含むカルチュラル・スタディーズの諸見
　　地という、大きく 2 つに区別することから、私の最初の議論を編成する。

(Cooper et al. 2018: Ch. 40)

　少なくとも 2010 年代の英語の定義から見る限り、新自由主義の意味は、絶望的と言うほどの混乱状況にはない。緩やかな合意は存在する。要するに、新自由主義とは①〈繁栄のために社会、経済、政治を市場に似せることを望ましいとする立場〉（これを理念型①とする）、②〈社会、経済、政治が市場に似てゆく現象〉（これを理念型②とする）、③〈社会、経済、政治を総合的に観察することで知的に発見される、現代の統治の一形態〉（これを理念型③とする）の全てか、一部である。これを以下の分析を導く理念型としよう。

　【図 6】は、この理念型が一定の妥当性を有することを裏付ける傍証として捉えることができる。社会、経済、政治、市場の 4 語句は単に多く用いられているだけでなく、互いに緊密に共起もしており、これらが新自由主義の概念の主要素群を成していると解することができる。

　また【図 6】からは、従来ならもっぱら経済の下位概念と解されてきたはずの市場が、必ずしも経済とだけでなく、政治や社会とも頻繁に共起していることが読み取れる。これは理念型①と理念型②の性質を表現していると言えよう。また、同じく従来は経済の下位概念と解されてきたはずの資本制が、これもやはり政治および社会と頻繁に共起している。新自由主義という語句が、既知の諸要素に従来と異なる意義を与えようとしていることを物語っていると見える。

　ただし【図 5】からも【図 6】からも、理念型③に現れる統治というキーワードについては何も読み取れそうにない。これについては 4.2 で検討しよう。

　20 世紀の 4 つの新自由主義はおおむね理念型①に回収できるだろう。反ケインズ新自由主義は〈国家の退場による市場化が繁栄をもたらす〉との主張、ホブソン新自由主義、戦後ドイツ新自由主義は〈国家の介入による市場化が

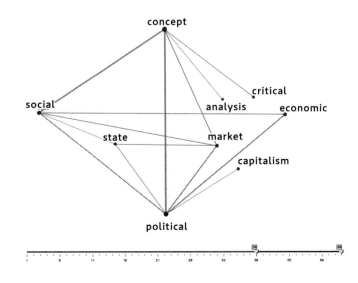

共起回数	共起ペア	共起回数	共起ペア
99	concept and political	50	market and social
91	concept and social	47	state and market
71	political and economic	46	concept and critical
69	market and political	44	state and political
63	political and social	39	capitalism and political
56	concept and market	39	concept and analysis
55	economic and political	38	state and social
52	economic and social		

図6　図5の頻出語句間の共起関係の概要

　繁栄をもたらす〉との主張、戦前日本新自由主義は〈国家の介入程度を適宜
調節しつつ繁栄を目指す〉との主張と解することができるからである。
　理念型②は、理念型①が目標を達してゆく過程として捉えることができる。
　理念型③は、現状の特質に、理念型②に還元できない傾向があることを幅
広く想定している。つまり理念型③にとっては、現状を特徴づけるに〈社会、
経済、政治が市場に似てゆく現象〉とするだけでは不十分であり、その不足
部分は知的探究を通して発見されるべきものである。理念型③は、そうして
不足部分が補完され発見される現状の特質を指して新自由主義と名付ける提

案なのである。

4.2 1910年代から2010年代までをおしなべた日英比較

　ここでは1910年代から現代までを一括して、日英の新自由主義の全般的な特徴を、図書題目および逐刊題目の分析により概観する。

　1910年代から2010年代の通算で、題目のなかで新自由主義と最も共起した語句を概観したのが【図7】だ[10]。すでに見たように、1990年代後半以降が大部分を占めるので、その傾向を色濃く反映している。太字は日英に共通する語句だ。

　まず気づくように、日英に共通して頻出するのは、政治、社会、グローバル、政策、教育、国家、改革、経済、危機、アメリカ、時代、世界、抵抗、新しい、労働などなどだ。

　おおむね4.1で作成した21世紀新自由主義の理念型①と理念型②に当てはめて整理できそうだ。多様に可能な組み合わせパターンのなかのごく一例ではあるが、例えば〈社会（教育）、政治（国家）、経済（労働）を市場に似せることで更なる繁栄を実現しようとするアメリカの政策指針が、グローバル化の時代に世界の趨勢となった。それと同時に、これに抵抗する人々もあらわれた。この改革は危機に応じて提起された、あるいは、この改革が危機をもたらしている〉という関係様式が想定できる。

　しかし日英で比較すると、顕著に異なる語彙もある。英語に多いのは開発、民主主義、公共、ラテン・アメリカ、統治、文化などだ。日本語に多いのは格差、課題、現在、歴史、法、運動、構造、福祉などだ。ここから、⑦英語が国外あるいは地球全体の開発と民主的な統治に言及する傾向が強いのに対して、⑦日本語は国内の福祉、法などの制度と、格差などの課題の関係に言及する傾向が強いと言える。また、日英ともリアル・タイム状況に言及する

10──【図7】は日英の図書と逐刊記事の題目に「新自由主義」という文字列が出現するもののなかで、各語句が出現する割合をパーセンタイルであらわしている。算出の手続きは次の通りである。題目にneoliberalを含む逐刊記事計4,899件のうち、例えば"politics"は439件に出現する。計算式は 439/4,899*100=8.961012… であり、"politics"の出現率は8.96である。

英語逐刊		英語図書		日本語逐刊		日本語図書	
politics	8.96	politics	13.15	改革	19.89	社会	14.74
social	8.08	global	13.15	教育	14.45	格差	13.46
global	7.90	state	9.23	課題	13.65	経済	10.90
education	7.45	policy	6.73	社会	12.08	改革	8.33
state	5.84	economy	6.57	現在	11.56	日本	7.69
reform	4.80	education	6.10	歴史	11.12	教育	7.05
economic	4.59	development	5.79	時代	10.64	グローバル	7.05
development	4.16	lain america	5.63	政策	10.28	国家	5.77
crisis	4.02	democracy	5.32	日本	9.40	時代	5.13
new	3.94	culture	5.16	労働	8.20	世界	4.49
democracy	3.18	new	5.16	国家	7.76	福祉	4.49
public	3.02	crisis	4.54	世界	6.92	批判	3.85
latin america	2.88	world	4.23	政治	6.52	対抗	3.85
post	2.82	reform	4.23	法	6.48	現在	3.85
urban	2.80	economic	4.07	運動	6.08	法	3.85
economy	2.78	era	3.91	対抗	6.04	資本主義	3.85
governance	2.67	age	3.76	構造	5.84	歴史	3.21
culure	2.61	governance	3.60	批判	5.68	政治	3.21
health	2.53	capitalism	3.29	たたかい	5.48	超え	3.21
america	2.31	public	2.97	グローバル	5.08	理論的	3.21
era	2.29	mexico	2.66	新しい	4.56	政策	2.56
world	2.16	times	2.66	福祉	4.16	たたかい	2.56
age	2.14	america	2.66	米国	4.08	労働	2.56
australia	2.06	post	2.50	危機	3.84	危機	2.56
labor	2.04	gender	2.50	地域	3.84	新しい	2.56
citical	1.92	resistance	2.35	報告	3.64	ポスト	2.56
resistance	1.88	india	2.35	視座	3.08	米国	2.56
		africa	2.35			英国	2.56
						農業	2.56

図7　題目内で「新自由主義」と頻繁に共起した語句（全期間合計。太字は日英共通）

のに対して、㊀日本語は歴史にも言及する点が異なる。

　ここで 4.1 の 21 世紀新自由主義の理念型③のキーワードである統治が現れたので少し検討しておこう。日本語におけるように、主題がもっぱら国内課題であれば、その第一義的対処主体として想定されるのは国家の政府（ガ

ヴァメント）として明瞭だが、英語におけるように一国に収まらない課題を扱おうとする場合、そのような対処主体は必ずしも明瞭でない。それでも対処の必要性を認める場合、一国政府（ガヴァメント）とは別の名辞が要請され、統治（ガヴァナンス）という語句が選ばれるのだろう。例えば国際機関や市民組織、多国籍企業や軍閥、住民組織や宗教団体など、一国政府でない主体による事実上の統治だ。だとするとこの語用法には一定の意義が確かにある。

　したがって21世紀新自由主義の理念型③は、より絞り込んで次のように書き換え可能だ。新自由主義とは〈現状の社会、経済、政治を総合的に観察することで知的に発見される、一国政府以外の課題対処諸主体による統治の形態〉である。

	–1979	1980s	1990s	2000–2004	2005–2009	2010–2014	2015–2019
politics	N/A	5.00	8.41	8.75	8.65	9.34	9.16
social	N/A	N/A	5.92	7.14	9.19	8.02	8.25
global	N/A	N/A	4.67	15.00	10.97	6.48	3.21
policy	N/A	25.00	12.77	8.21	7.80	6.15	6.87
education	N/A	5.00	4.36	3.57	5.10	5.77	9.16
state	N/A	5.00	8.10	6.25	4.48	4.73	3.32
reform	N/A	N/A	9.35	6.79	5.87	3.52	1.95
economic	33.33	15.00	9.66	7.50	4.32	2.75	2.29
crisis	N/A	N/A	2.18	3.57	3.86	4.89	3.55
development	N/A	N/A	7.17	4.46	3.63	4.45	2.29
new	16.67	5.00	2.49	3.39	5.33	3.68	3.21
democracy	N/A	N/A	6.23	4.11	3.32	2.47	2.86
public	N/A	N/A	0.62	2.50	3.32	3.19	3.55
latin america	16.67	5.00	8.41	4.82	3.09	1.87	1.26
post	N/A	N/A	2.18	1.96	2.08	2.97	4.47
economy	N/A	5.00	4.05	3.75	2.86	2.42	2.29
urban	N/A	N/A	0.31	2.32	3.32	3.30	2.18
governance	N/A	N/A	0.93	2.50	3.94	2.75	1.49
culture	N/A	5.00	1.25	3.04	2.78	2.80	2.06

図8　英語の図書と逐刊を合わせた題目のなかで「新自由主義」と頻繁に共起した語句群の経時的な変化

	−1969	1970s	1980s	1990s	2000–2004	2005–2009	2010–2014	2015–2019
改革	N/A	N/A	8.70	14.75	39.66	21.78	11.62	11.81
教育	N/A	N/A	2.17	5.74	21.65	14.63	14.26	11.81
課題	N/A	20.00	4.35	9.84	10.95	19.25	11.47	8,68
社会	16.67	10.00	15.22	6.56	12.17	13.97	9.56	13.89
現在	N/A	5.00	2.17	6.56	9.00	17.49	8.53	8.68
歴史	N/A	N/A	2.17	4.10	6.57	15.07	10.88	11.81
時代	11.11	5.00	2.17	0.82	2.92	13.86	13.09	11.81
政策	16.67	10.00	23.91	14.75	18.25	8.91	5.74	9.38
経済	61.11	40.00	13.04	12.30	8.52	8.69	8.68	7.64
日本	16.67	5.00	4.35	6.56	8.52	8.03	8.53	8.68
労働	N/A	N/A	N/A	4.10	3.41	10.67	6.47	11.81
国家	N/A	5.00	2.17	4.10	15.33	5.39	6.62	3.13
世界	N/A	N/A	N/A	9.84	4.14	6.38	8.53	6.25
政治	N/A	5.00	13.04	12.30	3.41	6.93	7.21	4.86
法	N/A	N/A	N/A	3.28	11.19	8.47	1.32	5.56
運動	N/A	N/A	N/A	0.82	2.19	8.47	6.76	6.25
対抗	N/A	N/A	N/A	0.82	6.33	6.60	6.91	4.17
構造	N/A	N/A	N/A	4.92	15.82	0.95	2.94	2.08
批判	N/A	N/A	6.52	9.02	5.11	5.83	6.18	2.08
たたかい	N/A	N/A	N/A	4.92	2.68	5.83	5.15	6.94

図9 日本語の図書と逐刊を合わせた題目のなかで「新自由主義」と頻繁に共起した語句
群の経時的な変化

4.3 1910年代から2010年代までの、経時的な日英比較

　図書と逐刊を合わせた題目のなかで新自由主義と最も頻繁に共起した語句
群の、経時的な変化を概観したのが【図8】と【図9】である[11]。英語の網
掛けセルは共起頻度が〈きわめて高い〉（10％以上）語句を指す。日本語の網
掛けセルは共起頻度が〈きわめて高い〉（20％以上）語句を指す。

　【図8】によると、英語では1990年代までラテン・アメリカ、経済の共起
が顕著だ。1990年代から2000年代まではグローバル、社会、改革の共起が
顕著だ。2010年代は社会、教育の共起が顕著だ。英語では、すでに①に見た

11——【図8】と【図9】の各語句の共起頻度の算出法は【図7】と同じである。

とおり全期間で国外に言及することが多いのだが、その中身は、㋒1990年代まではラテン・アメリカを指していたのに対し、2000年代には地球を指すようになった。㋕グローバルの増大は、英語の新自由主義言論の量的爆発に最も貢献している。また、㋖2010年代、グローバルの減少と教育の増大を考え合わせると、国内への関心の比重が増したことが推測される。

　【図9】によると、日本語では1980年代まで経済、社会、政策との共起が顕著だ。1990年代は政治、経済、改革、政策との共起が顕著だ。2000年代以降は社会、教育、労働、改革、歴史、時代との共起が顕著だ。㋒に述べたように日本語では国内指向が高いが、㋗その傾向は1990年代後半の急増期以降に特に強く、2000年代以降は、改革の内容が教育と労働へと焦点化された。また、㋔に指摘した日本語の特質である㋘歴史的関心は2005年以降高まった。

5. 各時期における諸特徴の掘り下げ

　これまでに判明した諸事項を次の【図10】にまとめることができる。ここでは各事項について必要な分析と解釈を加える。

	1910–1940s	1950s	1960s	1970s	1980s	1990s	2000s	2010s
英語新自由主義の特徴			ガバナンス、ラテンアメリカ				ガバナンス、グローバル	社会、教育
日本語新自由主義の特徴					改革、政策		教育、労働、改革、歴史	
日本語で言及された主要な人名	鶴見、上田		オイケン、リュストウ、エアハルト					
				フリードマン、サッチャー、レーガン				
				ホブソン				
							ハーヴェイ	
								フーコー

図10　日英新自由主義の時期ごとの特徴

5.1　英語における統治対象の変化―ラテン・アメリカから地球へ

　英語において、新自由主義的統治の対象が1990年代末までのラテン・ア

メリカから、2000年代以降には地球（グローバル）へと変わったという事実を㋔に述べ、このグローバルの増大が英語新自由主義言論の急増の主要因であることを㋕に述べた。

　99年までの英語逐刊でラテン・アメリカと統治が共起する全6件のテーマは、地方政治2件のほか、民主化、欧州の無策、原住民運動、脱政治化が各1件だ。㈢<u>1990年代末までは総じてラテン・アメリカ統治が不全状態にあることが論じられている</u>と言える。

　2000年以降の英語逐刊でグローバルと統治が共起する全22件を分類すると、南半球5件、環境4件、開発4件、研究3件などだ。㋚<u>2000年代以降は地球環境を保全管理する統治主体の存在や不在、南半球に偏在する低開発地域の総体としての発展に責任を有する統治主体の存在や不在が論じられている</u>と言える。

5.2　日本における新自由主義政策の焦点化―労働と教育

　日本語には、1990年代から国内国政改革への焦点化、2000年代以降はなかでも教育と労働への焦点化があったことを㋗に述べ、歴史的関心の高まりがあったことを㋘に述べた。

　これら一連の変化の直前、1980年代と90年代前半の逐刊全62件を分類すると、60–70年代と同様に、戦後ドイツ新自由主義と反ケインズ新自由主義としての新自由主義の紹介・解説（14件）が最多だ。また、これと並んで、ホブソン新自由主義に関する研究論文も同数（14件）で最多だ。これらと比べると、日本国内の国政改革との関連が読み取れるものは少なく（7件。新政党「新自由クラブ」への言及4件を含む）、実際の国政改革（中曽根行革）への分析・考察を主旨とする記事は2件にすぎない。

　これに対して1990年代後半の逐刊全106件を分類すると、様相が塗り変わっている。それまで最多だった戦後ドイツ新自由主義と反ケインズ新自由主義の紹介・解説が合わせて4件にまで減り、ニュー・リベラリズムの研究が11件であるのに対して、実際の国政改革に言及した記事が24件と増大している。90年代後半、日本の新自由主義言論は単に量的に増大しただけでなく、㋜<u>内容面の中心も欧米思想の紹介・解説から、国内の現状考察へと変化</u>

している。これが日本の新自由主義言論の量的爆発に最も貢献している。

1990年代後半の日本における内容面の変化として、もう1点、指摘すべきことがある。それは、新自由主義を主題とした逐刊の特集が97年に2件、初めて出現し、しかもこの両方が世界、闘いという語句と共起していることだ。『労働研究』（333、97年）の特集「『新自由主義』とたたかう世界の左翼」（記事5件）、および、『社会評論』（23 (6)、97年）の特集「新自由主義の本質と世界の労働者の闘い」（記事4件）がそれだ。つまり⑦90年代後半の日本において、新自由主義は、世界の左翼と労働者が闘っている敵として見出され、議論の一主題となったと言える**12**。

2000年代日本語逐刊の合計1,320件を分類すると、⑦に述べた日本国内の国政改革が教育と労働の改革へと焦点化されたこと、および、⑦に述べた歴史的関心の高まりがあったことがそのまま現れているが、やや立ち入ると次の3点が指摘できる。

第1に、⑦歴史的関心の高まりは2007年から始まっている。『人民の歴史学』（174、07年）の特集「『新自由主義』時代の歴史学 二〇〇七年度東京歴史科学研究会大会委員会企画」（記事5件）と、『歴史評論』（691、07年）の「[歴史科学協議会]第四一回大会準備号…グローバリズム・新自由主義と歴史学の課題」（記事3件）を皮切りに、『歴史学研究』（増刊846、08年）の特集は記事37件、『人民の歴史学』（177、08年）の特集は記事5件、『歴史評論』（703、08年）の特集は記事7件を集めた。それ以降も『歴史学研究』（増刊859、09年）が40件の記事を集めるなど、同様の傾向が続く。

第2に、⑦格差という語句も2007年に初出して以降、言及を増やしている。07年からの3年間だけで63件の記事が出現している。00年前後のいわゆる就職氷河期から存在しつつ顧みられなかった課題が、08–09年のリーマン・ショック、09–10年のユーロ危機に至る過程で顕在化した、と読めそう

12──90年代日本語の⑦の特徴、つまり、欧米思想の紹介・解説から国内の現状考察へという質的変化について、言及される人名の変化傾向とどのような関連を持つか計読してみたが、有意な結果が得られなかった。分かったのは、90年代後半になっても、逐刊題目で最も言及された人名はホブソン、ホブハウス、ケインズなどであり、それらが日本の現状と直接関係づけられずに紹介、解説されていたことだけだった。

だ。

　第 4 に、地方自治への言及が、2000 年代前半に初出 (21 件) してから 00 年代後半 (33 件) に増えている。これら計 54 件を分類すると、新自由主義が地方自治を破壊しているとの主張が 18 件、地方自治が新自由主義に対抗すべきとの主張が 11 件、教育を主題とするもの 18 件、公共というキーワードを伴うもの 6 件、スポーツを主題とするもの 3 件などだ。新自由主義政策により地方自治が改悪されており、それに対抗すべきとの主張が多い。1990 年代後半、新自由主義と闘っているとされたのは世界の左翼、労働者だったことを㋚に述べたが、㋟2000 年代、新自由主義と闘っている (闘うべき) とされたのは国内の地方自治だった。

5.3　ハーヴェイとフーコー

　2000 年代後半以降の日本で、ハーヴェイとフーコーの名が浮上したことを㋑に指摘した。これについても考察したいところだが、この 2 名に関する議論を今回のデータ・セットから吟味することには深刻な制約がある。図書題目、逐刊題目、逐刊記事本文のいずれのデータ・セットを計読しても、顕著な傾向が検出できないのだ。ハーヴェイ (2005=2007) とフーコー (2004=2008) の紹介と解説が圧倒的大部分で、それが日本の現状とのあいだに有する諸関係がほとんど述べられていないためである。

　したがって新自由主義とハーヴェイ、フーコーの関係を本格的に検討するためには機会を改める必要がある。ここでは以上に得た知見を参照しながら、可能な検討の方向性を提案するに留める。

　ハーヴェイの浮上の直接の原因がハーヴェイ (2005=2007) の刊行にあることは疑いの余地がない。

　ハーヴェイ (2005=2007) において新自由主義という語句が何を指しているのかについては複数の解釈があり得るが、私見によれば、オイル・ショック以降の低成長を脱しようと諸々の道を模索する現状の資本制、あるいはその模索から生じたグローバル資本制を指していると解するのが最も適切である。このように解するのは、ハーヴェイ (2005=2007) 以降の彼自身の著書群を見る限り、新自由主義がグローバル資本制あるいはその類語とほぼ互換的に用い

られているのを重く見てのことだ。ここではこれをハーヴェイ新自由主義と呼ぶ。

ハーヴェイ新自由主義は、2010年代の英語の新自由主義定義の3つの理念型の全てに該当する最初の体系的な事例だ。ハーヴェイによれば、新自由主義とは、基本的に、理念型①が自らを実現してゆく過程、つまり理念型②である。が、それと同時に、その過程は理念型③における統治の単位や体制の変化をもたらしている。このことは、㋑㋔㋕㋙㋚に述べた00年代前半の英語の新自由主義言論の焦点が、ラテン・アメリカ統治からグローバル統治へと変化したのと同時に、言論の量が爆発的に増大したことに敏感に連動している。

フーコーの名の浮上の直接の原因は、1970年代末のフーコーの講義における新自由主義への言及がフーコー（2004=2008）として公刊され、その紹介・解説が盛んにおこなわれていることだ。

フーコー（2004=2008）によれば、新自由主義とは、近代の自由主義経済知の第4の段階であり、反ケインズ新自由主義と戦後ドイツ新自由主義に典型的な表現をみる。諸段階を貫く自由主義の基軸は統治の過剰に対する批判機能と解され、両新自由主義において、統治の対象としての人間の知的把握が、20世紀半ば以降、自らに投資し競争する者へと変容してきたことが指摘されている。ここではこれをフーコー新自由主義と呼ぶ。

フーコー新自由主義は、ハーヴェイ新自由主義よりもさらに理念型③への適合性を高めている。

ハーヴェイは、政府ならざる統治の基軸としての新自由主義を、マルクス主義の伝統に忠実に、あくまでも資本制の発展仮説、つまり資本は自己準拠的に資本自体の成長を図っている、という前提仮説に寄せて演繹的に理解している。だからこそハーヴェイ新自由主義はグローバル資本制とも言い換えることができるのだ。

これに対してフーコー新自由主義は、ハーヴェイのように前提仮説をあらかじめ措定し、その仮説から見える限りで現実を演繹的に解釈することを拒絶する。フーコーは逆に、人々の日々の互いに矛盾する諸経験を、それがもたらす実質的な諸帰結の観点から知的に探索し総合した果てに、或る種の合理

性を有する統治戦略の存在を発見してゆく、帰納的な理論構成に徹する。だからフーコーによれば、新自由主義的統治をめぐる言論が積み重ねられ進展し、その統治形態の全容が言い当てられてゆくにしたがって、その統治形態から見た人々の経験はディテイルにおいてますます混乱し、矛盾し、整合性を喪失してゆく。

　フーコー新自由主義は理念型③に踏み込んでいるぶん、ハーヴェイ新自由主義と比べて理念型①と理念型②との関係を薄めている。つまりフーコー新自由主義は、資本が自己準拠的に資本自体の成長を図っているのでない可能性を考える理論的な余地を大幅に有している。各国政府が発表する GDP 成長率や、事業主体たちが計上する損益そのものではなく、それらを些細な指標とするにすぎないような何か、差し当たり新自由主義的統治と呼ぶしかない何かの存在を指し示し、それを学術的に究明する可能性を大きく残しているのである [13]。

6. まとめと展望

　過去 100 年以上にわたる日本の新自由主義言論の歴史は、1910 年代からの戦前日本新自由主義に始まり、20 世紀後半の戦後ドイツ新自由主義とホブソン新自由主義を経て、今世紀の反ケインズ新自由主義、ハーヴェイ新自由主義、フーコー新自由主義の並存へと変遷してきた。今世紀に入り、新自由主義は、市場化を社会改造の理念として推進される、国内の教育・労働の改革の現実を観察し、肯定的にか否定的にか評価するキーワードとなった。

　これ以上の知見の細部については㋐から㋘に要約されているので繰り返さない。最後に本章の実践的なインプリケーションについて、若干の水路付けをおこなう。

---

[13]──フーコーが理念型③を先取りしていたかのように見えるが、彼に特段の先見の明があったわけではない。1970 年代末の時点では東側の産業経済が、西側とは明らかに異なる仕方である種の発展を遂げていたことを、近代性の効果として等しく見る必要があっただけであろう。フーコーが、あの著名な規律権力論を提起したのが、西側と東側を跨いで近代の人間諸関係を構造化した諸要因の探索の一環だったのと同じである。

今世紀日本の教育・労働改革に理念を提供したとされるフリードマンの反ケインズ新自由主義は、成熟した産業社会では経済過程から国家が退場することで更なる繁栄がもたらされるとの教えだった。しかし現実の今世紀日本は、規制緩和・競争促進の掛け声がブラック・ユーモアに聞こえるほどに、経済過程への国家の介入を強化する道を驀進してきた。国民所得が増えないまま増税は繰り返され、日本の公的債務はGDPの2倍を超え、日本銀行は東証一部上場企業の半数以上の事実上の筆頭株主となった。これが新たな集産主義にも見えるのは、筆者の錯視だろうか。

　こうした日本の現状に対して、6つの新自由主義はそれぞれに語るべきことを持っている。反ケインズ新自由主義は、規制緩和・競争促進の不徹底を厳しく糾弾するだろう。ホブソン新自由主義と戦後ドイツ新自由主義は、人々の自由のために平等を確保する十分な手立てを要求するだろう。ハーヴェイ新自由主義は、規制緩和・競争促進イデオロギーと、その遂行における国家介入の強化は、グローバル資本による新たな統治という見地からすれば矛盾しないと指摘しうるだろう。

　しかし際立って示唆に富むのは、戦前日本新自由主義とフーコー新自由主義である。

　戦前日本新自由主義は、当時の守旧勢力と革新勢力の狭間で、両翼どちらからも貶められる人間の本源的な潜勢力を、社会的に陶冶された義人の理念に託し、その政治的実践を中道に見出した。根拠の薄い正義を振りかざして互いを罵り合うゲームに興じるほどの暇があるなら、万人ではなく各人が依拠すべきそれぞれの規範を、自らの潜勢力によって模索し掴み取ってゆくために費やしたほうがよいのは、戦前も現代も同じである。

　フーコー新自由主義は、目下の全般的で不透明な状況変化のトレンドを、未だ誰も、正確には知っておらず、だからこそ新自由主義という新たなキーワードを必要としているという、そもそもの出発点を想起させる。私たちは既知の対象を新自由主義的統治と名指すのではない。名指すことによってはじめて、その未知を意識することができ、自らの潜勢力によってその探究に乗り出すことができるのだ。こうした先達に励まされて公的議論に参画する人が増えるほどに、新自由主義は新たな重要アンブレラ・タームとしての性

格を強めてゆくだろう。

［参考文献］

Cahill, Daniel & Konings, Martijin, 2017, *Neoliberalism*, Polity, Kindle edition.

Cooper, Melinda., Cahill, Damien., Konings, Martijin., & Primrose, David. (eds.), 2018, *The SAGE Handbook of Neoliberalism*, Sage, Kindle edition.

Eagleton-Pierce, Matthew, 2016, *Neoliberalism: The Key Concepts*, Routledge, Kindle edition.

Foucault, Michel., 2004, *Naissance de la Biopolitique. Cours au Collège de France (1978–1979)*, Paris (FR), Gallimard / Seuil. （慎改康之訳, 2008, 『講義集成〈8〉生政治の誕生（コレージュ・ド・フランス講義 1978–79）』東京, 筑摩書房.）

Friedman, Milton., 1962, *Capitalism and Freedom*, Chicago, IL (US), the University of Chicago Press. （村井章子訳, 2008, 『資本主義と自由』東京, 日経 BP クラシックス.）

Germon, Jennifer., 2009, *Gender: A Genealogy of an Idea*, New York, NY(US), Palgrave Macmillan. （ジャーモン　左古輝人訳, 2012, 『ジェンダーの系譜学』東京, 法政大学出版局.）

Harvey, David., 2005, *A Brief History of Neoliberalism*, Oxford (UK), Oxford University Press. （渡辺治監訳, 森田成也, 木下ちがや, 大屋定晴, 中村好孝訳, 2007, 『新自由主義——その歴史的展開と現在』東京, 作品社.

Hobson, John Atkinson, 1909, *The Crisis of Liberalism: New Issues of Democracy*, London (UK), P. S. King & Son.

Hobson, John Atkinson., 1938, *Confessions of an Economic Heretic*, New York, NY(US), Macmillan Company. （高橋哲雄訳, 1983,『異端の経済学者の告白』東京, 新評社.）

稲葉振一郎, 2018, 『新自由主義の妖怪：資本主義史論の試み』東京, 亜紀書房.

Klein, Naomi, 2007, *The Shock Doctrine: The Rise of Disaster Capitalism*, New York NY (US), Metropolitan Books / Henry Holt.

Lovejoy, Arthur O., 1936, *The Great Chain of Being: A Study of the History of an Idea*, Cambridge, MA(US), Harvard University Press. （内藤健二訳, 1975, 『存在の大いなる連鎖』東京, 晶文社.

Lippmann, Walter, 1913, *Preface to Politics*, New York, NY(US), Kennerley.

Lippmann, 1914, *Drift and Mastery: An Attempt to Diagnose the Current Unrest*, New York, NY(US), Kennerley.

Lippmann, 1937, *An Inquiry into the Principles of the Good Society*, Boston, MA(US), Little, Brown & Co.

Marx, Karl, 1932, Die Ökonomisch-philosophischen Manuskripte aus dem Jahre 1844, Marx-Engels-Gesamtausgabe, Abteilung 1, Bd.3, Berlin (DE), Max-Engels Institut. （城塚登, 田中吉六訳, 1964, 『経済学・哲学草稿』東京, 岩波文庫.

大塚久雄，1966，『社会科学の方法——ヴェーバーとマルクス』東京，岩波新書.

左古輝人，2006，「出来事としての社会」『畏怖する近代』東京，法政大学出版局，167–176.

Skinner, Quentin, 1989, "The State", *Political Innovation and Conceptual Change*, Terence Ball, James Farr & Russell L.Hanson (eds.), Cambridge (UK), Cambridge University Press, 90–131.

Springer, Simon., Birch, Kean., & MacLeavy, Julie (eds.), 2016, *Handbook of Neoliberalism*, Routledge, Kindle edition.

Steger, Manfred B., & Roy, Ravi K., 2010, *Neoliberalism: A Very Short Introduction*, Oxford University Press, Kindle edition.

Tadmore, Naomi, 2001, *Family and Friends in Eighteen-Century England: House, Kinship, and Patronage*, Cambridge (UK), Cambridge University Press.

鶴見祐輔，1928，「新自由主義の立場より」『改造』東京，改造社，10（5）.

上田貞次郎，1927，『新自由主義』東京，同文館.

Weber, Max., 1904–05;1920, *Die protestantische Ethik und der 'Geist' des Kapitalismus*, (*Gesammelte Aufsätze zur Religionssoziologie I*, S. 1–206), Tübingen (GE), Mohr.（大塚久雄訳，1989，『プロテスタンティズムの倫理と資本主義の精神』東京，岩波文庫.

Wilson, Julie, 2017, *Neoliberalism*, Routledge, Kindle edition.

Wilson, Woodrow, 1913, *The New Freedom: A Call for the Emancipation of the Generous Energies of a People*, New York, NY(US), Doubleday, Page & Co.

Withington, Phil , 2010, *Society in Early Modern England*, London (UK), Polity Press.

マックス・ウェーバーにおける 「暴力 Gewalt」概念

——「権力 Macht」「支配 Herrschaft」との 対比から——

橋本 直人
神戸大学

1. 本章の目的と背景

　DVや虐待などの直接的・身体的暴力から、象徴的暴力や構造的暴力、あるいは「近代的理性の暴力性」といった抽象的な「暴力」に至るまで、「暴力」という概念は、現代の社会（科）学において、盛んに用いられる重要な概念の一つである。だが同時に、実際の用例を参照するなら、「暴力」という語の用法がきわめて多様・多義的であることも一目瞭然であろう。そしてこうした多義性・多様性の背景として、実は社会（科）学において、「暴力」そのものについての理論的な考察が十分になされてこなかった（Kolma Beck, Schlichte 2014: 13–18）という事情もあると思われる[1]。そうであるなら、あらためて社会学の古典にさかのぼって「暴力」概念を再検討することも無意味ではないだろう。

　そこでこの章では、社会学の古典として、特にマックス・ウェーバーのテキストをとりあげ、その中で「暴力 Gewalt」という概念がどのように用いら

---

[1]——とはいえ、近年は「暴力」そのものを主題とする理論的な研究もなされている（Collins (2008)、Popitz (1992)、Reemtsma (2008) など）。だが、これらの研究によって「暴力」概念をめぐる多義性が整理されたとは言いがたい。その意味でも、一度古典にさかのぼって考える意義はあるだろう。

れているかを分析したい。

　ここでマックス・ウェーバーを対象とするのは、ウェーバーが社会学の古典のなかでも際だって暴力を重視し、また暴力についての数多くの言及がみられる理論家だからである[2]。たとえば、『職業としての政治』冒頭にある、有名な近代国家の「定義」はその好例であろう。

　　　国家とは、ある一定の領域内で……正当な物理的暴力行使 legitime physische Gewaltsamkeit の独占を（実効的に）要求する人間ゲマインシャフトである。　　　　　　　　　　　　　　　　　　　（MWG I/17: 158–9=1982: 556）

　よく指摘されるように（たとえばギデンズ（1985 =1999: 28f.））、社会学の古典においてはしばしば国家が有機体的にとらえられがちである。これに対し、このように近代国家を暴力との関わりによって定義したことは、他の「古典」には見られないウェーバーの重要な特徴と言える。さらに、国家や政治がはらむこうした暴力性と宗教的な同胞倫理との葛藤に関する有名な宗教社会学的な分析（MWG I/22–2: 387ff.=1976: 277ff.）をはじめ、ウェーバーのテキストには Gewalt の用例を多数見出すことができる。

　にもかかわらず、ウェーバーは Gewalt についてまとまった形での概念規定も説明も与えていない。意味内容のうえで Gewalt に近いと思われる「権

2──ここで社会学の様々な古典のなかで「暴力」がどう論じられているかについて詳しく論じることはできないが、ドイツ社会学の古典から若干の例を挙げておく。
　　たとえばテンニースの『ゲマインシャフトとゲゼルシャフト』では、そもそも「暴力 Gewalt」の用例がきわめて少ない。またテンニースはホッブズ論のなかで、「この [戦争状態において相互に危害をこうむりうるという──引用者] 相対的な平等の認識が、社会の基礎、すなわち物理的暴力の抑止……の基礎なのである」（Tönnies 1896: 211）と述べているが、このことからは、彼が「社会」概念と暴力とを背反するものと理解していることがわかる（この点については Bond（2016: 186–7）、飯田（1991）を参照）。他方、ジンメルは大著『社会学』のなかで支配や闘争について詳しく論じているが、そのジンメルも社会的相互作用が見いだされるのは「直接の物理的な暴力」が行使される「場合を除けば」のことだ、と述べている（Simmel 1992: 161=1994: 150, 273）。その点ではジンメルも社会と「物理的な暴力」とを背反的にとらえていると言えよう。なお、ジンメルの支配論や闘争論については阿閉（1979）、早川（2003）を参照。

力 Macht」や「支配 Herrschaft」に関しては『社会学の基礎概念』末尾や『支配の社会学』冒頭で概念的な定義や説明があること（MWG I/23: 210f.=1972: 86f.; MWG I/22–4: 126ff.=1960: 3ff.）と対比するなら、Gewalt に関するこの「空白」はやや奇妙とも言える。

　こうしたこともあってか、管見の限り、膨大な蓄積のあるウェーバー研究においてさえ、Gewalt 概念はそれ自身として必ずしも問題とされてこなかったように思われる。多くの場合、Gewalt への言及は国家や政治論との関わりに限定されており、ウェーバーがそれ以外の文脈で用いている事例も含めて、Gewalt 概念そのものを主題とする研究はほとんど見られない。

　他方でこうした研究の少なさの背景の一つとして、Gewalt が登場する文脈の多様性、あるいはドイツ語全般での Gewalt の多義性も考えられる。たとえばウェーバーの用例でも、「Befehlsgewalt」や経済類型論での「Verfügungsgewalt」は、多くの場合、前者が「命令権力」、後者が「処分権力」「処分力」と訳され、「暴力」とは訳されない。またドイツ語一般でみても、「höhere Gewalt」が「不可抗力」（原義は「より上位の（＝神の）Gewalt」）を意味するなど、Gewalt という語の多義性は多くの事例からうかがえる[3]。

　とはいえ、少なくともウェーバーに限定すれば、こうした多様な文脈でウェーバーが Gewalt を用いたことには何らかの共通性が存在するはずである。だとするなら、まずはウェーバーのテキストに限定したうえで、多様な文脈での Gewalt 概念に共通する特徴を見出すという課題が設定できるだろう。

　そこで以下では、テキストマイニングの手法を用いて、できる限り文脈を限定せず横断的にウェーバーのテキストを分析することで、ウェーバーにおける Gewalt 概念の特徴を探ることとしたい。

　具体的には、意味内容のうえで近いと考えられる二つの概念、すなわち Macht および Herrschaft の用法と Gewalt の用法とを比較することで、ウェーバーにおける Gewalt の用法の特徴を明らかにする。そのうえで、最終的に、こうして明らかになった Gewalt 概念の特徴がより広い社会（科）学の文脈に

---

[3]──ドイツ語における「Gewalt」概念の多様性については、Gewalt に関する概念史研究（たとえば Faber u. a.（1982））が参考になる。

とってどのような含意を有しうるか、この点についても若干の考察を行うのがこの章の目的である。

2. 分析の対象とすすめ方

　以上の問題設定を踏まえ、この章では以下のように分析を進めることとしよう。

　(1) 対象とするテキストの確定

　　上で述べたように、ウェーバーは Gewalt という語を多様な文脈で用いている。その多様性を横断して、Gewalt という語の用法に一定の共通性があるか、あるとしたらどのようなものか、その解明がここでの課題となる。したがって、ウェーバーの膨大なテキストを分析するにしても、あらかじめ文脈を（たとえば支配の社会学、宗教社会学、政治論などに）限定することは避ける必要がある。

　　そこで、ここではテキストのデータとして CD-ROM「Max Weber im Kontext」(Karsten-Worm 1999) [4] を利用し、CD-ROM で「Gewalt」およびその派生語・複合語を検索し、Gewalt の用例が多いテキストを分析対象として選び出す。ただし、単にテキスト自体のボリュームの多さゆえに候補となるものについては、主題の偏りを避けるために除外する（この手順の意味については後述を参照）。

　(2) マイニングの実行

　　マイニングには樋口耕一氏の開発したフリーソフト「KH Coder」(ver. 3) [5] を用い、以下の手順で分析を進める。

　　a)　まず、上記手順により確定したテキストでの頻出語を確認し、分

4——CD-ROM は現行の全集版ではなく 1980 年ごろまで出版されていた『論集』版（『経済と社会』『科学論集』『社会学・社会政策論集』『宗教社会学論集』『社会経済史論集』など）を収録している。ただしウェーバーは自筆の原稿がほとんど残っていないので、テキスト自体にはほぼ変更がないと思われる。

5——詳しくは樋口（2014）を参照。

析に不要な語（主に助動詞や、ごく一般的な動詞など）を除外する。このことによって、ウェーバーの理論にとって有意味な語だけに分析対象を限定する。

b) ついで Gewalt と、意味内容のうえで近いと考えられる Macht および Herrschaft について、KH Coder で派生語・複合語 **6** を抽出して語群としてまとめる（コーディングという。以下コーディングによってまとめた語群は《　》で表記する）。

c) 次に《Gewalt》《Macht》《Herrschaft》との共起の度合いが高い語（共起語）を検索し、その上位の語についても、同様に派生語・複合語を抽出して語群としてまとめる。

d) 最後に《Gewalt》《Macht》《Herrschaft》について、これら 3 語群の各々と共起語群との共起関係および出現頻度の相関関係を比較する（個々の分析の意味については後述を参照）。

(3) テキストの意味解釈

　特に《Herrschaft》《Macht》との対比で抽出した《Gewalt》の特徴を踏まえ、その特徴をテキストの内容に即して確認するとともに、その特徴が何を意味するのかを検討する。

　以上の分析により、ウェーバーのテキストにおける《Gewalt》の用法について、《Macht》や《Herrschaft》の用法との比較を通じ、その特徴が明らかになるだろう。

　すでに述べたように、ウェーバーは「Macht」と「Herrschaft」の概念については定義を与えているが、「Gewalt」には定義を与えていない。だからこそ、

6──ドイツ語の一般的な特徴としてよく知られていることだが、ドイツ語では一つの語から多数の派生語・複合語を作り出すことができる。たとえば Gewalt からの派生語として gewaltig や gewaltsam（形容詞）、さらに Gewaltsamkeit（gewaltsam の名詞型）、また複合語として前掲の Befehlsgewalt や Staatsgewalt（「国家権力」）、Gewalthaber（Gewalt の保持者、「権力者」）や Gewaltherrschaft（「暴力的支配」）など、多数の語が作り出され、実際に用いられている。したがって、これらの語を抽出して語群としてまとめることが分析のうえで不可欠となる。

これらの対比を通じて、明示的には定義されていない《Gewalt》がウェーバーのテキストの中でどのように位置づけられているかが明らかになろう。そこからは、通常のテキスト解釈では気づかれることの少なかった Gewalt 概念の特徴も、またこの概念が持つ含意も示されるはずである。

3. 分析の実行

3.1 テキストの確定

　上記のとおり、Gewalt の語はウェーバーの様々な文脈に登場する。そこで、まずは Gewalt（とその派生語・複合語）を含むテキストを CD-ROM のアプリで単純に検索すると、251 点のテキスト、2086 件の用例が抽出できる。とはいえ、ここではこれらすべてを分析することはできないので、まず出現件数の上位 30 位まで（30 位が同数なのでテキストは 31 点）に範囲を限定する。

　ただし、この CD-ROM でのテキストの区切りは書籍版での「章」にほぼ対応しており、その結果として各テキストの長さがかなりまちまちである。たとえば『古代ユダヤ教』の第 1 章「イスラエルの誓約同志共同態」はこのテキスト 1 点で約 84,000 語にのぼるのに対し、『支配の諸類型』の「特殊化された権力分割」は 500 語に満たない。このままでは、分析の結果についてもボリュームの大きなテキストの傾向に引きずられるなどの偏りが生じる危険性が高い。しかし、単純に長短のテキストを除外したり出現頻度で区切ったりしても分析の実際において困難が生じる。

　そこで、今回は KH Coder での抽出語を用い、31 点のテキストについて対応分析を行った【図 1】。

　対応分析では、31 点のテキスト全体で頻出している語の出現頻度が、個々のテキストごとにどの程度偏っているかを見ることができる。たとえば、【図 1】では「カースト kaste」や「ブラフマン brahamane」などの語が「ヒンドゥー教の社会制度」というテキストに、あるいは「預言者 prophet」や「ヤハウェ jahwe」などの語が「ユダヤ教的パーリア民族の成立」に、それぞれ偏って出現していることがわかる。そして、これらの語の偏りの全体は、平均値（グラフ上の「0」の点）からそのテキストの内容がどの程度偏っているかを示してい

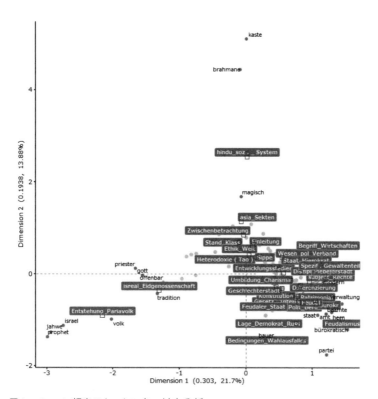

図1 Gewalt 頻出テキスト31点の対応分析

る。いいかえれば、【図1】で中心から著しく離れて表示されているテキスト
は、Gewalt に関するウェーバーの記述全体から外れた「特殊個別的な内容」
についてのテキストだと判断できる。

　この分析によって、明らかに他のテキストから頻出語が異なっているものを
5点見出すことができたので、この5点を除外することとした。また、これと
は別に、内容上明らかに「Gewalt」の派生語・複合語ばかりが頻出するテキ
ストが1点存在する（これも偏りの原因となる）ので、これも除外する。これらの
作業によって、分析の対象とする25点のテキストが確定されることとなる。

　確定した25点のテキストと除外したテキストは【表1】のリストのとおり
である。このリストを見れば、「あらかじめ文脈を限定しない」というこの章
の目的におおむね適合的なテキスト選択が行なえていることが理解されよう。

表1　分析の対象とするテキストと除外したテキストの一覧

○ 対象とするテキスト　（日本語タイトルはおおむね日本語訳に準拠）

- 『支配の社会学』（『経済と社会』）「家父長制的支配と家産制的支配」
- 『支配の社会学』（『経済と社会』）「政治的支配と教権制的支配」
- 『職業としての政治』
- 『法社会学』（『経済と社会』）「法領域の事項的分化」
- 『支配の社会学』（『経済と社会』）「封建制、身分制国家および家産制」
- 『宗教社会学』（『経済と社会』）「宗教倫理と『現世』」
- 『ヒンドゥー教と仏教』（『世界宗教の経済倫理』）「アジアの教派的宗教と救世主的宗教」
- 『法社会学』（『経済と社会』）「主観的権利の基礎づけの諸形態」
- 『支配の社会学』（『経済と社会』）「カリスマ的権威の成立と変形」
- 『世界宗教の経済倫理』「中間考察」
- 『都市の諸類型』（『経済と社会』）「平民都市」
- 『支配の諸類型』（『経済と社会』）「封建制、レーエン封建性」
- 『都市の諸類型』（『経済と社会』）「古代と中世の門閥都市」
- 『支配の社会学』（『経済と社会』）「官僚制的支配」
- 『ロシアの外見的立憲制への移行』（『ロシア革命論』）「暫定内閣の基本的政策立法の分析」
- 『政治的ゲマインシャフト』（『経済と社会』）「政治的ゲマインシャフト結合の発展諸段階」
- 『儒教と道教』（『世界宗教の経済倫理』）「社会学的基礎・2　身分的国家と俸禄的国家」
- 『経済行為の社会学的基礎範疇』（『経済と社会』）「経済行為の概念」
- 『儒教と道教』（『世界宗教の経済倫理』）「正統と異端（道教）」
- 『ロシアの外見的立憲制への移行』（『ロシア革命論』）「『憲法』」
- 『宗教社会学』（『経済と社会』）「身分、階級と宗教」
- 『政治的ゲマインシャフト』（『経済と社会』）「政治団体の本質と適法性」
- 『世界宗教の経済倫理』「序論」
- 『経済と社会集団』（『経済と社会』）「氏族と性関係の規制」
- 『支配の社会学』（『経済と社会』）「支配形態の規律化」

○ 除外したテキスト　（タイトルは同上）

- 『ヒンドゥー教と仏教』（『世界宗教の経済倫理』）「ヒンドゥー教の社会制度」
- 『古代ユダヤ教』（『世界宗教の経済倫理』）「イスラエルの誓約同志共同体とヤハウェ」
- 『古代ユダヤ教』（『世界宗教の経済倫理』）「ユダヤ的パーリア民族の成立」
- 『ロシアの外見的立憲制への移行』（『ロシア革命論』）「選挙結果を規定した社会的政治的諸条件」
- 『ロシア革命論』「ロシアにおける市民的民主主義の状態について」
- 『支配の諸類型』（『経済と社会』）「特殊化された権力分割」

　以上で分析の対象とするテキストが確定したので、次に分析に用いる語の絞り込みを行なう。

　まず、単純に 25 点のテキスト全体における抽出語の頻度順リストを見てみよう（【表2】）。テキストの選択基準からして当然ながら Gewalt が上位にあり、また前後して Macht と Herrschaft という類縁性の高い（と想定される）語が

位置していることも確認できる。

表2 テキスト全体での頻出語リスト（品詞別／上位30位、数字は出現回数）

形容詞		名詞		動詞	
Politisch	924	recht	538	müssen	401
ökonomisch	511	Sinn	429	stehen	319
Religiös	468	Form	423	bleiben	312
Ander	457	beamte	412	gelten	307
Groß	456	entwicklung	389	finden	293
Rational	449	Herr	384	machen	269
Alt	417	macht	375	geben	266
Eigen	406	gewalt	332	lassen	246
persönlich	398	Zeit	315	sehen	241
Stark	393	interesse	314	bestehen	232
spezifisch	389	verwaltung	294	liegen	201
Einzeln	317	charakter	286	treten	201
Sozial	316	mittel	279	schaffen	186
Weit	266	stadt	279	stellen	176
Modern	263	Welt	277	bedeuten	175
verschieden	260	gegensatz	271	entwickeln	174
Hoch	255	schicht	268	fehlen	172
Allgemein	229	Got	266	führen	172
Ethisch	227	herrschaft	255	nehmen	168
Frei	227	staat	244	entstehen	165
Wichtig	227	amt	243	gehen	153
Spat	221	verband	240	pflegen	153
Magisch	218	kirche	239	kommen	148
Erst	212	grund	233	wollen	142
Rein	209	bedeutung	207	scheinen	134
bestimmt	207	jahrhundert	205	zeigen	130
zunehmend	207	gebiet	203	Kennen	125
wesentlich	206	beziehung	200	Wirken	124
bürokratisch	200	könig	198	Gehören	119

　とはいえ、すでに述べたように、この表ではドイツ語として一般的すぎて今回の分析とは無縁な語も多数挙がっていることが確認できる。特に動詞

は（英語に訳せば must、stand、find、make などとなる）まったく一般的な語ばかりで上位が占められており、これらの動詞はほぼ分析には利用できない。他方で、Gewalt の派生語・複合語（先にふれた「Gewaltsamkeit」や「Befehlsgewalt」など）がリストに見えず、これらを含めて分析するためには抽出語のままでは不十分であることもわかる。

　以上を踏まえ、(1) まず Gewalt と Macht、Herrschaft が（単にドイツ語の語句としての意味内容のうえでだけでなく）ウェーバーの用法においても類似性が高いことを確認する。ついで、(2) この３語について派生語・複合語を抽出してコーディングを行う。その上で、《Gewalt》《Macht》《Herrschaft》の３語群と共起の度合いが高い語（共起語）を抽出し、それらの語についても同じように派生語・複合語を抽出してコーディングを行う。これらを行ったうえで、(3) 用法上の類似性の高い（と想定される）上記３語群が、それぞれ共起語群とのネットワークの中でどのように位置づけられるか、その位置の違いによって３語群の特徴を取り出したい。

3.2　《Gewalt》の比較対象としての《Macht》《Herrschaft》の妥当性

　まず、以下の分析の前提として、ウェーバーのテキストにおいて Gewalt と Macht、Herrschaft の３語の用法が本当に類似しているのかを確認しよう。

　確認するための方法として、ここでは階層的クラスター分析を用いる[7]。この方法では、対象テキスト 25 点の全体を通して、この３語を含めて頻出語がどのような頻度でどの箇所に出現するのか、そのパターンの類似度を樹形図上の遠近として見ることができる。

　こうして作成された樹形図のうち、Gewalt/Macht/Herrschaft が出現する部分を拡大したものが以下の【図 2】である。

---

[7]──上記の通り、この段階では頻出語のうち動詞を利用できないので、名詞と形容詞のみ用いている。コーディング前の現段階では単語レベルで分析を行なうので、分析の単位は段落とした。分析対象は出現回数 150 回以上の名詞・形容詞(計 91 語)である。クラスター化には Ward 法を用い、クラスター数は自動で設定している。

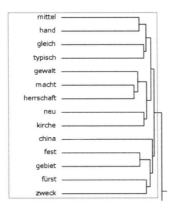

図2　階層的クラスター分析の樹形図（部分）

　ここでは Gewalt/Macht/Herrschaft を含んでいるクラスターのみ拡大しているが、クラスターは全部で 10 個作成されている。この樹形図から、名詞・形容詞の頻出語 91 語のなかでも Gewalt/Macht/Herrschaft の 3 語は、ウェーバーの用法においてきわめて出現パターンが類似している、つまり用法の類似性の高い語であることが確認できる。

　このことから、類似した Macht および Herrschaft との比較を通じて Gewalt 概念の特徴を取り出すという課題設定は妥当なものと言えよう。

3.3　《Gewalt》《Macht》《Herrschaft》3語群の比較
　―共起ネットワークにおける《Herrschaft》と《Gewalt》《Macht》との差異

　以上を踏まえ、いよいよ実際に Gewalt/Macht/Herrschaft の比較へと分析を進めよう。

　まず Gewalt/Macht/Herrschaft の 3 語について、すでに述べたように派生語・複合語を抽出して語群としてグループ化（コーディング）を行なったうえで[8]、これら 3 語群との共起の度合いが高い語（以下「共起語」）を抽出する。さ

8――この段階では、特に「Herrschaft」が動詞「支配する beherrschen」やその派生語「支配する者／される者 der beherrschende ／ der beherrschte」などの派生語をもっているので、動詞を含めてコーディングを行っている。他の語のコーディングについても同様である。

らにこれらの語から、「大きな groß」「他の ander」などごく一般的な語を除外したうえで、残る共起語についても派生語・複合語を抽出し語群としてグループ化を行なう。以上の手順により、《Gewalt》《Macht》《Herrschaft》の3語群、およびこれらとの共起度の高い語群（以下「共起語群」と呼ぶ）78組[9]、あわせて81組の語群を得ることができる[10]。

9────78組の語群は以下のとおりである。

*absolut（絶対的）／ *adel（貴族）／ *amt（役職、官職）／ *autorität（権威）／ *beamte（官吏）／ *besitz（所有）／ *beziehung（関係）／ *bürger（市民、ブルジョア）／ *charisma（カリスマ）／ *bürokratie（官僚制）／ *China（中国）／ *demokratie（民主制）／ *ethik（倫理）／ *faktisch（事実的）／ *feudal（封建的）／ *fürst（諸侯、君主）／ *gebiet（領域）／ *gebilde（形成体）／ *gegensatz（対立）／ *gemeinschaft（ゲマインシャフト）／ *glaube（-n）（信仰）／ *gott（神）／ *herr（主君、ボス）／ *hierokratie（教権制）／ *interesse（利害関心）／ *kirche（-lich）（教会）／ *kampf（闘争）／ *kompromiss（妥協）／ *könig（-lich）（王）／ *kraft（力）／ *legitim（-tät）（正当）／ *lokal（地域的）／ *magie（-sch）（呪術）／ *mensch（-lich）（人間）／ *metaphysisch（形而上的）／ *militär（-sch）（軍事）／ *mittel（手段）／ *mittelalter（-lich）（中世）／ *modern（-tät, -isieren）（近代）／ *monarch（-ie）（君主［制］）／ *norm（規範）／ *ökonomisch（経済的）／ *ordnung（秩序）／ *parlament（議会）／ *partei（政党）／ *patriarch（家父長制的）／ *patrimonial（家産制的）／ *person（-lich）（人的、個人的）／ *physisch（物質的、物理的）／ *politik（-sch）（政治）／ *quelle（源泉）／ *rational（-tät, -isieren, -ismus）（合理的）／ *recht（法、権利）／ *regel（-mäßig）（規則）／ *religion（-ös）（宗教）／ *rom（-isch）（ローマ）／ *sache（-lich）（事物、事象）／ *schicht（階層）／ *schranke（境界、限界）／ *selbständig（-keit）（自立的）／ *sinn（意味）／ *sozial（社会的）／ *staat（国家）／ *stadt（都市）／ *ständisch（身分的）／ *struktur（構造）／ *system（システム）／ *technik（-sch）（技術）／ *tradition（伝統）／ *träger（担い手）／ *untertan（臣下、領民）／ *vasall（家来、従者）／ *verband（団体）／ *verfügen（-ung）（利用・処分）／ *verwalten（-ung）（行政、管理する）／ *welt（-lich）（世界、世俗、現世）／ *wirtschaft（経済）／ *zweck（目的）。

これらの語群がウェーバーのテキスト全体を広くカバーしていることは一目瞭然であろう。

10────本来であれば、各語群についてそれぞれのコーディング・ルールを明示すべきであろう。だが、すでに述べたようにドイツ語には派生語・複合語が多数存在し、さらに動詞・名詞・形容詞の変化（格変化や単複・性による変化など）も存在する。KH Coder の用いているドイツ語辞書がこれらの語をどのように抽出するかはわからないので（これは KH Coder の問題ではなく辞書の問題である）、コーディング・ルールとして挙げるべき語が膨大な数になってしまう。そのため、ここでそのすべてを挙げることはとうてい不

こうした手順をとることで、Gewalt/Macht/Herrschaft の3語や、これとの共起度の高い語を、単に個別的な単語としてではなく、その派生語・複合語を含めた「概念」として分析できるだろう。そしてこのことによって、ウェーバーが Gewalt と関連させて用いることの多い諸概念のネットワークの中で、《Gewalt》《Macht》《Herrschaft》の各語群（ひいてはこれらの概念）がどのように用いられているか、それゆえどのような意味と特徴を有しているかを分析することができるはずである。

　そこで、今度はこの共起語群のなかでの3語群それぞれの位置を分析するため、3語群と共起78語群とで共起ネットワーク分析を行なおう。
　共起ネットワークは、一定の分析単位の中で二つの語（ないし語群）が同時に出現（＝共起）する比率が高い場合に「関連性が高い」と判断し、この共起度の強弱にもとづいて語（群）のネットワークとして作成されるものである。このネットワークを見ることによって、それぞれの語群（＝概念）が諸概念のネットワークの中で占める位置（どの概念との関連が強いか、ネットワーク全体の中でどの程度の重要性を持っているか、など）を検討することができる。
　この章では、先に挙げた共起78語群と《Gewalt》とによるネットワーク、同じく78語群と《Macht》、および78語群と《Herrschaft》という三つのネットワーク図を比較する。特に結びつきの強い語群同士をグループ化する「サ

可能である。ここではこうした事情の例示もかねて、《Gewalt》のコーディング・ルールのみ挙げておく。《Gewalt》の語群として抽出されるのは以下の語である。
「*Gewalt
gewalt or gewaltsamkeit or herr_e_gewalt or gewaltsam or gewaltenteilung or gewalthaber or haus_gewalt or zentral_gewalt or amt_gewalt or verfügungsgewalt or gewalt_unterworfene or gericht_gewalt or staatsgewalt or befehlsgewalt or befehl_gewalt or fürstengewalt or vergewaltigung or gewalt_verhältnis or könig_gewalt or lokal_gewalt or natur_gewalt or verfügung_gewalt or zwang_gewalt or bann_gewalt or gewalthabers or gewalt_ordnung or guru-gewalt or regierungsgewalt or gewaltsamkeiten or kommando_gewalt or laie_gewalt or militär_gewalt or schlüssel_gewalt or steuer_gewalt or strafgewalt or disziplinargewalt or eigen_gewalt or exekutiv_gewalt or gewaltanwendung or gewalt_apparat or gewalt_a_drohung or gewalt_kampf or gewalt_verteilung or kirche_gewalt or papst_gewalt or parteigewalthaber or patrimonialgewalt or satzung_gewalt or vater_gewalt or vater_haus_gewalt」

ブネット検出」を用いることで、共起78語群とのネットワークの中で、3語群がどのような特徴を持っているかが明らかとなる。

こうした観点で作成したのが、以下の【図3】〜【図5】である[11]。

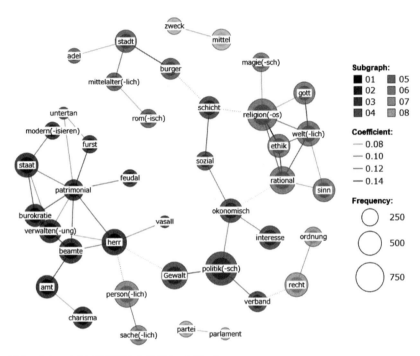

図3　《Gewalt》と78語群との共起ネットワーク

---

[11]——先ほどのクラスター分析の際とは異なり、ここでは分析に語群を用いているため、分析単位を段落にすると差異を検出しにくくなる（どの段落にも語群内の単語が出現しやすくなる）。このため、ここでは分析単位を文に変更している。また、ネットワーク図は上位50位の共起関係で作成されている。したがって、上位50位の共起関係に登場しない語群はネットワーク図にも登場しない。

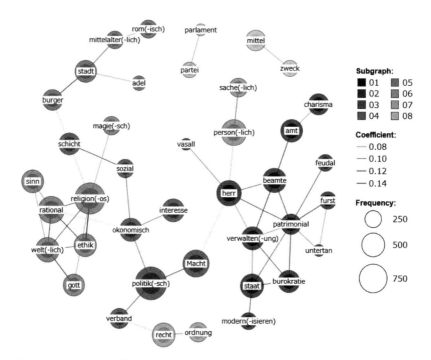

図4　《Macht》と78語群との共起ネットワーク

　この3つのネットワーク図を見比べるならば、《Gewalt》《Macht》《Herrschaft》の各語群のうち、特に《Herrschaft》の位置が他の2語群とやや異なることが確認できるだろう。具体的には、《Gewalt》と《Macht》が、一方の《Religion》を中心としたグループ（サブネット）と、他方の《patrimonial（家産制）》《Verwaltung（管理・行政）》などを中心としたグループとを媒介する位置にある。これに対して《Herrschaft》は《patrimonial》《Verwaltung》のサブネットとの関係が強く、《Religion》サブネットとはかなり距離がある。この二つのサブネットを「宗教サブネット」「行政サブネット」と呼ぶとするなら、《Gewalt》と《Macht》は両者を媒介するサブネット上にあるのに対し、《Herrschaft》はむしろ「行政サブネット」の一部をなしている。いいかえれば、《Gewalt》と《Macht》が宗教と行政・支配とにまたがる一般的な概念として用いられているのに対し、《Herrschaft》は行政サブネットの側に比重を置いた概念であると考えられよう。ひるがえって《Gewalt》の問題に戻るなら、ウェーバーは《Gewalt》を

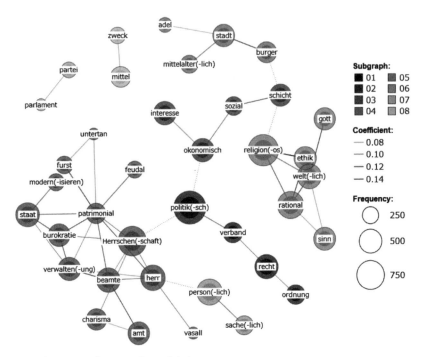

図5 《Herrschaft》と78語群との共起ネットワーク

《Macht》に似たレベルにある一般的な概念として用いていることが見てとれるだろう。

3.4 《Gewalt》と《Macht》との比較
―共起78語群との出現頻度の相関における差異

　この分析から、《Gewalt》《Macht》《Herrschaft》の各語群のうち、まずは《Herrschaft》が他の二つとは異なった特徴を持つことが明らかとなった。だが、ネットワーク図を見る限り、《Gewalt》と《Macht》との間に大きな違いがあるとは考えにくい。だとすると、《Gewalt》と《Macht》との間に違いはないのだろうか。《Gewalt》には《Macht》と異なる概念上の特徴はないのであろうか。

　この二つの語群の違いを探るために、今度は25点のテキストをひとまとまりの分析対象とするのではなく、25点のテキストそれぞれでの出現頻度に

注目してみよう。具体的には、この2語群と共起78語群とが25点のテキスト各々にどのように出現するか、その出現頻度の相関を検討したい。

　ここで出現頻度の相関に注目するのは、共起語群（＝関連する諸概念）のネットワークの中で、《Gewalt》と《Macht》が占める位置の違いをより細かに分析するためである。まず、このように分析対象となるテキストを細かくすることで、大きな単位での分析からは見えなかった2語群の差異が見えてくるだろう。かりに《Gewalt》と《Macht》との間に概念上の（したがって用法上の）差異がないならば、この2語群と共起語群との出現頻度の相関には差がみられないはずである。つまりこの2語群は単なる語の置き換え以上の意味を持たないと解釈できるだろう。逆に、78の共起語群との出現頻度の相関について、《Gewalt》と《Macht》の2語群の間で一定の差異が見いだされるなら、そこにはこの2語群の用法の（したがって概念上の）差異が表れているはずである。

　そこで、《Gewalt》と《Macht》の2語群および78の共起語群、計80の語群について、25点のテキストでの出現頻度のクロス集計を行い、その相関をグラフにまとめてみよう。結果は【図6】の左のグラフである。

　このグラフを見ると、《Gewalt》と《Macht》の2語群に関して、78語群との相関の仕方がおおまかにはよく似ていることがわかる。これは、先に共起ネットワーク図でも見たように、語群のネットワーク内で2語群の占める位置がよく似ていることに対応しているし、そもそも共起度の高い語群なのだから当然ともいえる。

　だが、ここで《Gewalt》と《Macht》の各語群と78語群との相関が、わずかながらずれる事例に注目してみよう。このグラフだけでも、《Gewalt》と《Macht》との間で、他の78の共起語群との相関にいくつかの差があることが見てとれよう。さらに簡明にするために、両者の差異だけをとると【図6】右のグラフとなる。

　【図6】右のグラフでいくつか見られるピークが、《Gewalt》と《Macht》との間で、相関に（比較的）大きな差異がある語群に該当する。これらのピークをなす（つまり《Gewalt》と《Macht》とに対して出現頻度の相関の仕方が異なる）語群に注目すると、そこにある共通性が見える。具体的には《Gegensatz（対立）》《Kampf（闘争）》《König（-lich）（国王）》《Quelle（源泉）》《Schicht（階層）》などの

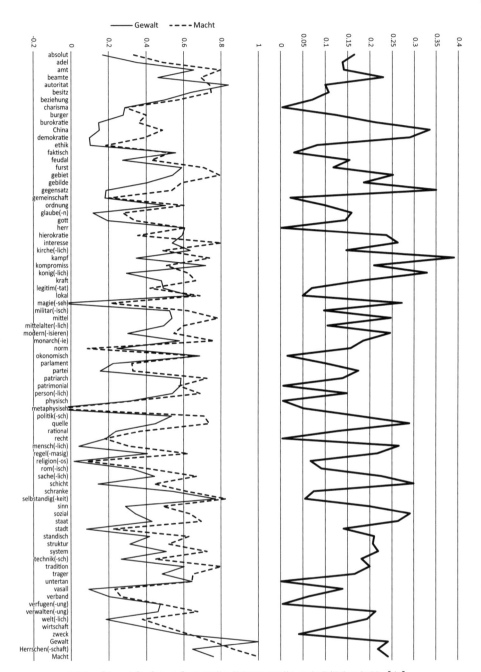

図 6 《Gewalt》《Macht》2 語群と共起 78 語群との出現頻度の相関【左】
　　 《Gewalt》《Macht》2 語群と共起 78 語群との出現頻度の相関の差【右】

語群になるのだが、特に高いピークをなしているのが《Kampf》《Gegensatz》の2語群である。つまり、「闘争」や「対立」に関連する語が登場する場面で、《Gewalt》と《Macht》の出現頻度に差が生じるのである（その点では、ピークとしてはやや低いが《Schicht》も関連するとも考えられる）。そしてこれらのピークは、いずれも《Macht》の方が《Gewalt》よりも相関の度合いが高いのである。

　逆に、もう一度【図6】左のグラフを見てみよう。この相関のグラフでは、基本的には《Gewalt》より《Macht》の方が相関の度合いが高い（つまり《Macht》の方がよく用いられる）のだが、例外的に《Gewalt》の方が《Macht》より相関の高い語群が見いだせる。これらは《Kompromiß（妥協）》《Kirche（教会）》《Hierokratie（教権制）》《Autorität（権威）》の4語群である。

　つまり、一方で「闘争」や「対立」（さらに「階層」）が論じられる場面では《Macht》が、他方で「妥協」や「権威」が論じられる場面では《Gewalt》がより多く用いられる、という傾向を見てとることができるのである。

　ここまでの分析結果をまとめると以下のようになろう。
・《Gewalt》と《Macht》《Herrschaft》とは出現パターンが類似しており（3-2.）、これら3語群の意味内容が近いという事前の推測は裏づけられたと言える。
・しかし3語群のうち、《Herrschaft》は「行政サブネット」との関連が強く、「行政」「宗教」双方の間に位置して両者を媒介する《Gewalt》《Macht》とはやや異なる位置を占めている（3-3.）。
・さらに《Gewalt》は「妥協」や「権威」との相関が高いのに対し、《Macht》は「闘争」や「対立」との相関が高く（3-4.）、両者の登場する文脈の違いが推測できる。

　とはいえ、こうした分析結果はウェーバーのテキストにおいて何を意味しているのであろうか。この結果から、ウェーバーのGewalt概念をどのように解釈できるのだろうか。そしてそこから何が示唆されるだろうか。

　この問題を考えるために、最後にウェーバーのテキスト自身に立ち返り、テキストの意味解釈によってこの分析結果が意味することを検討したい。

4. 計量分析を踏まえたウェーバー解釈とその射程

あらためて、『職業としての政治』を見てみよう。冒頭で見たように、『職業としての政治』でウェーバーは近代国家をGewaltとの関係によって定義していた。だが、この定義に続けてウェーバーはこう述べている。

> 国家以外のすべての団体や個人に対しては、国家の側で許容した範囲内でしか、物理的暴力行使physische Gewaltsamkeitの権利が認められないということ、つまり国家が暴力行使への「権利」の唯一の源泉とみなされているということ、これは現代に特有な現象だからである。
> だから、われわれにとって「政治」とは、……要するに権力の割当てMachtanteilを、権力の配分関係への影響行使Beeinflussung der Machtverteilungを追求する努力である、といってよいであろう。
>
> （MWG I/17:159=1982: 556）

もしこれまでのように、《Gewalt》と《Macht》とを特に区別せずに読むなら、この一節にはこれという疑問を感じないだろう。単に《Gewalt》を《Macht》へと言い換えたにすぎない、と。だが、もしこの二つが違うニュアンスをもっているとするなら、この一節は、にわかに疑問を呼ぶ記述に見えてくるだろう。すなわち、もし《Gewalt》と《Macht》とが異なるとするなら、なぜ国家が《Gewalt》を独占することが、《Macht》の配分問題を呼び寄せるのであろうか。

ここで、ウェーバーが『社会学の基礎概念』末尾で、「権力Macht」をごくシンプルに「ある社会関係内において、抵抗に逆らってでも自分の意思を貫徹するあらゆる可能性Chance[12]」と定義していることを思い起こそう。「権力Macht」はつねに可能性である。いいかえれば、「自分の意思の貫徹」はつねに、実現する可能性もしない可能性もはらむ、不安定で流動的な事象である。しかもウェーバーは一貫して行為論的な前提から理論を構成している、すな

12——『支配の社会学』冒頭でも「権力」は「自分の意思を他者の行動に対して強制する可能性Möglichkeit」（MWG I/22–4: 128=1960: 5）と定義されている。

わち行為を基礎的な単位としてこれらの概念を構成している[13]。こうしたことをあわせ考えるなら、Machtの流動性とは他者が介在するからこそ生ずる流動性と言えよう。つまりウェーバーにおけるMachtの概念は、他者の存在ゆえに実現する可能性としない可能性とをつねにはらむ、流動的な事象を指しているのである。

だとすれば、ウェーバーが繰り返し「闘争」を論じ、「権力本能 Machtinstinkt は政治家にとってごくノーマルな資質である」（MWG I/17: 228=1982: 597）と主張するのも当然だろう。実際、Machtが「可能性」＝流動性である限り、政治において「不可避的な手段としての権力の追求」（Ibid.）は恒常的に必要不可欠である。追求しつづけなければMachtは保持され得ないし、それゆえ「可能性」としてのMachtをめぐっては、さまざまな他者との多様な「闘争」が展開されざるを得ない。それはつねに流動的で不安定な「権力」というものの本質に関わっているのである。

では《Gewalt》はどうであろうか。ここでも『職業としての政治』の引用から検討を始めよう。『職業としての政治』の前半、歴史的な事例について触れた一節で、ウェーバーは次のように述べている。

　君主の権力 Fürstenmacht を完全に排除し、あるいは大幅に制限して、自らを（いわゆる）「自由な」共同団体として政治的に構成したような政治団体の方でも、やはり同じ必要［兼職的・名誉職的ではない「本業」の政治的補助者の必要］に迫られていた。——ここで「自由」というのは、暴力的な支配 gewaltsame Herrschaft からの自由という意味ではなく、伝統のゆえに正当な……、あらゆる権威の唯一の源泉としての君主権力 Fürstengewalt als ausschließlicher Quelle aller Autorität を免れている、という意味である。
（MWG I/17: 169=1982: 563）

---

[13]——ここでウェーバーの行為論的な前提について詳述することはできない。詳しくは拙稿（橋本 2000）を参照されたい。

ここでの「自由な」政治団体とは、さしあたり中世ヨーロッパの自治都市のことを指している。ただ、この一節が興味深いのは、同じ個所で Fürstenmacht と Fürstengewalt とが用いられていることである。もし《Gewalt》が《Macht》のたんなる言い換えではないとするなら、これは何を意味するのだろうか。

　先に触れた Macht の不安定性・流動性からするなら、この引用の冒頭で Fürstenmacht が登場するのは自然なことであろう。というのも、中世の自治都市とは君主の Macht が実現される可能性を排除ないし制限することに成功し、それによって自治を獲得した政治団体だからである。この場合、君主の「権力」は実現するかしないか不確実な、流動的な Macht としてとらえられている。

　これに対し、引用の末尾に登場する Fürstengewalt はどうであろうか。前者の流動的な Macht に対し、この Gewalt は「あらゆる権威の源泉」であり、それゆえ他者の介在に起因する不安定性も抱え込まず、「闘争」の対象にもなり得ない、という対比には見えないだろうか。

　こうした対比を念頭に置くと、実は《Gewalt》のさまざまな用例の中に共通した契機を見出すことができる。たとえばこの章の冒頭で触れたように、《Gewalt》には「命令権力 Befehlsgewalt」や「処分権力 Verfügungusgewalt」も含まれている。特に「処分権力」については、経済類型論の冒頭にある次の一節も大きなヒントになろう。

　　……少なくともわれわれの時代の近代的な経済は、われわれの時代の近代的な条件のもとでは、国家の法的強制 Rechtszwang による処分権力 Verfügungsgewalt の保証を必要とする。すなわち、形式的に「適法な」処分権力の保証には、その維持・貫徹のために暴力行使がありうるという威嚇 Androhung eventueller Gewaltsamkeit を必要とするのである。

（MWG I/23: 219=1979: 304）

「可能性」としての Macht がもっていた流動性・不安定性が、ここでも Gewalt からは排除されていることが容易にうかがえる。ただしここでは暴力行使や法的強制の要素はそれほど重要ではないし、必ずしも経済行為に限定

されるわけでもない。というのも、『支配の社会学』終盤でウェーバーは、中世の神聖ローマ帝国の例を挙げながら、宗教的な「権威」のもとで「王位に対する処分権力 Verfügungsgewalt über die Krone」を聖職者が手中に収める事例（MWG I/22-4: 581=1962: 526）を挙げているからである[14]。

　つまり、この点で重要なのは、経済行為か宗教的ないし政治的な行為か、という点ではなく、それを保証する要素が「権威」か「強制」か、という点でもない。Macht との比較においてもっともポイントとなるのは、Gewalt においては Macht がもっていた流動性・不安定性（これらが他者に起因するからこそ「闘争」や「対立」に結びつく）が排除されていること、その排除の際に「強制」や「権威」が動員されているということなのである。

　このようにみてくると、ウェーバーにおける Macht と Gewalt との差異を、それぞれ〈他者の介在＝他なる可能性＝流動性・不安定性〉／〈他者の排除＝他なる可能性の排除＝安定性・強制性〉という契機の対立として解釈する可能性がうかがえるであろう。

　もちろん、ここで意味解釈を試みたのはウェーバーのテキストのごく一部でしかなく、より広い範囲のテキストに対しても一貫した解釈が可能かを検討するという課題は残されている。それでも、こうした新たな解釈の可能性を見出せたことは、計量分析と意味解釈との接合を試みたこの章での、ささやかな成果の一つではあるだろう。

　最後に、以上の意味解釈の試みを踏まえてもう少し先の問題を考えてみよう。ウェーバーの Gewalt 概念の検討から何が言えるか、という問題である。

　ここまでで、ウェーバーにおける《Gewalt》が〈他なる可能性の排除＝排他性〉という契機を含んでいるのではないか、そしてこの契機が《Gewalt》と《Macht》との差異に関わっているのではないか、という解釈上の仮説を提示することができた。冒頭で述べたことからすれば、この仮説がどのような含意ないし射程を有しうるか、このことを考えなければならない。

---

[14]──ちなみにこの事例は、テキストマイニングの際に触れた「宗教サブグラフ」と「行政サブグラフ」とのまさに狭間に位置する事例であろう。

すでにふれたように、社会学の古典のなかでウェーバーほど Gewalt について論じた理論家は見当たらない。だが、このことはウェーバーの Gewalt 理解が孤立していることを必ずしも意味しない。

　たとえば、ハンナ・アーレントは主著の一つ『人間の条件（活動的生）[15]』でこう述べている。

　　政治体をバラバラにしないように保っているのは、潜在的可能性としてのそのつどの権力 jeweiliges Machtpotential であり、政治体の破滅を招くものは、権力の喪失であり、最終的には無力である。この過程自体、掴みどころがない。なぜかといえば、暴力の手段 Mitteln der Gewalt なら、貯蔵がきくし、緊急時に問題なく投入できるが、それと違って、潜在的可能性としての権力はそもそも、現実化されているその度合においてしか存在しないからである。権力が現実化されず、緊急時に引っぱり出すことのできる何かとして扱われているところでは、権力は破滅する。……。現実化された権力につねにわれわれが関わっているのは、次の場合である。つまり、言葉と行いが分かちがたく結びついて現れ、それゆえ言葉が空虚でなく、行ないが暴力的におし黙っていない nicht gewalttätig stumm 場合である。……。そして、行ないが、暴力し破壊するために濫用されることなく、新しい関係を樹立し、確保し、かくして新しいリアリティを創り出すことに用いられる場合である。　　（Arendt 1981: 252=2015: 258）

　この一節からもうかがえるが、アーレントは権力 Macht を、他の誰でもない人間個々人が他者に対して言論と活動によって働きかける「人間関係の網

---

[15]──アーレントはナチス・ドイツを逃れフランスを経て 1941 年にアメリカに亡命し、戦後もそのままアメリカで生きているが、ドイツで博士号を取得しているようにドイツ語を母語としている。『人間の条件』も、まずは 1958 年に英語で出版されたが、のちに友人のドイツ語訳にアーレント自身が大幅に手を入れて 1960 年にドイツ語で出版されている。ドイツ語版の日本語訳者である森一郎が「優に増補改訂第二版と呼ぶに値する」と評しているが、この章でもウェーバーとの言語上の連続性も踏まえてドイツ語版を参照する。

の目」に成り立つ（かつ成り立たせる）ものであり、それゆえ「掴みどころのない」流動的なものととらえている。なぜなら、人間関係の網の目では「無数の意図や目的が、相互に対抗し合いながらひしめき合って」おり、そこから生み出されるのは「行為によってはまったく意図されていなかった」現象だからである（Arendt: 1981: 225–6=2015: 229–30）。これに対し、「暴力は……一個人が多数の人々に強制をできる」力であり、「権力を破壊することができる」が、「権力の代わりを務めることはできない」（Arendt 1981:255=2015: 262）。

　つまり、上記のウェーバー解釈に引きつけるなら、アーレントにとって権力とは他者を巻き込んだ「人間事象」の領域に成立する流動的な事柄であるのに対し、暴力とはそうした他者の存在を排除する力のことなのである。実際、アーレントは別の著作で端的に「権力と暴力とは対立する」（Arendt 1972: 155=2000: 145）とさえ述べている。

　アーレントだけではない。よく知られているように、ミシェル・フーコーも権力が「国家主権の問題に還元させられている」ことを批判し（Foucault 1977=2000: 306）、むしろ多種多様に錯綜する力関係として理解すべきだとくり返し強調しているが、このことを、フーコーの権力論が権力における他者の介在と流動性とを重視していたと解釈する可能性もあるのではないだろうか。そしてもし、錯綜するミクロな権力関係と区別される国家主権を、ウェーバーに即して「正当な暴力行使の独占」と解してよいのなら、フーコーもまた暴力（の独占や行使の可能性）と権力とを区別していたと考えられよう。しかも「抵抗なしに権力関係は存在しない」と考えるフーコーの権力概念が、つねに他者の抵抗や闘争に起因する不確実性をはらんでいると理解してよいのなら、上記のウェーバー解釈はフーコーの権力概念とも一定の共通性を見出せると言えるのではないだろうか[16]。

　以上の解釈は、やや大胆に過ぎたかもしれない。しかし、もしこうした解釈

16──アーレントとフーコーについての以上の解釈は、杉田（1991）の指摘に多くを負っている。ただし、杉田はアーレントやフーコーの権力概念と「ウェーバー的」権力概念とを対立的に整理している。この杉田の整理に対し、本章での検討からすれば、皮肉なことにウェーバー自身は「ウェーバー的」権力観には属さない、ということになるだろう。

が可能ならば、現代の社会学で用いられている多様で多義的な「暴力」概念にも、上記のウェーバー解釈に通ずる契機が共有されていると想定することも十分に可能であろう。だとするなら、現在の我々が直面している「暴力」概念の多義性を、こうした観点から再検討することも十分に可能なのではないだろうか[17]。

［参 考 文 献］

マックス・ウェーバーの著作

MWG I/17: W. J. Mommsen, W. Schluchter (Hg.), *Max Weber Gesamtausgabe* I/17. *Wissenschaft als Beruf* 1917/1919, *Politik als Beruf* 1919, Mohr Siebeck, 1992.（＝脇圭平訳, 1982,「職業としての政治」ウェーバー『政治論集』2, みすず書房, 555–618.）

MWG I/22–2: H. G. Kippenberg (Hg.), *Max Weber Gesamtausgabe* I/22–2, *Wirtschaft und Gesellschaft. Religiöse Gemeinschaften*, Mohr Siebeck, 2001.（＝武藤一雄ほか訳, 1977,『経済と社会 宗教社会学』創文社.）

MWG I/22-4: E. Hanke (Hg.), *Max Weber Gesamtausgabe* I/22-4, *Wirtschaft und Gesellschaft. Herrschaft,* Mohr Siebeck, 2005.（＝世良晃志郎訳, 1960,『支配の社会学 I』創文社.）（＝世良晃志郎訳, 1962,『支配の社会学 II』創文社.）

MWG I/23: K. Borchardt, E. Hanke, W. Schluchter (Hg.), *Max Weber Gesamtausgabe* I/23, *Wirtschaft und Gesellschaft. Soziologie,* Mohr Siebeck, 2013.（＝清水幾太郎訳, 1972,『社会学の根本概念』岩波文庫.）（＝富永健一訳, 1979,「経済行為の社会学的基礎範疇」尾高邦雄編『世界の名著 ウェーバー』（中公バックス）, 295–484.）

その他の文献

Arendt, Hannah, 1972, *Crises of the Republic,* Harvest.（＝山田正行訳, 2000,『暴力について』みすず書房.）

Arendt, Hannah, 1981, *Vita Activa. Oder Vom tätigen Leben,* Piper (Taschenbuchausgabe).（＝森一郎訳, 2015,『活動的生』みすず書房.）

阿閉吉男, 1979,『ジンメル社会学の方法』お茶の水書房.

Bond, Niall, 2016, "The politics of Ferdinand Tönnies", Christopher Adair-Toteff (ed.), *The

---

[17]──さらに大胆な推測を付け加えるなら、ウェーバーとアーレント、フーコーとの共通点の一つとして、「近代の国家主権（＝正当な暴力行使の独占）」を自明視していないという要素を指摘できるだろう。だとするなら、グローバル化とともにポスト国民国家状況へと移行しつつある現代において、暴力と権力とを区別して考察することには大きな意味があるのではなかろうか。

Anthem Companion to Ferdinand Tönnies, Anthem Press, 181–204.

Collins, Randall, 2008, *Violence: a micro-sociological theory*, Princeton Univ. Press.

Faber, Karl-Georg u.a., 1982, „Macht, Gewalt", O. Brunner, W. Conze, R. Koselleck（Hg.）, *Geschichtliche Grundbegriffe Bd.* 3, Klett-Cotta, 817–935.

Foucault, Michel, 1977, « Les rapports de pouvoir passent à l'intérieur des corps »（＝山田登世子訳，2000,「身体をつらぬく権力」『ミシェル・フーコー思考集成 IV』筑摩書房.）

Giddens, Anthony, 1985, *The Nation-State and Violence*, Polity.（＝松尾精文・小幡正敏訳, 1999,『国民国家と暴力』而立書房.）

橋本直人，2000,「ウェーバー行為論における目的合理性と『秩序問題』」『情況』第 2 期 11-3: 39–52.

橋本直人，2015,「マックス・ウェーバーにおける行為論の転換と貨幣論」『社会学史研究』37: 59–74.

早川洋行，2003,『ジンメルの社会学理論』世界思想社.

樋口耕一，2014,『社会調査のための計量テキスト分析』ナカニシヤ出版.

飯田哲也，1991,『テンニース研究』ミネルヴァ書房.

Kolma Beck, Teresa, Schlichte, Klaus, 2014, *Theorien der Gewalt zur Einführung*, Junius.

Popitz, Heinrich, 1992, *Phänomene der Macht (2. Aufl.)*, Mohr Siebeck.

Reemtzma, Jan Philipp, 2008, *Vertrauen und Gewalt*, Hamburger Institut für Sozialforschung.

Simmel, Georg, 1992, *Soziologie. Georg Simmel Gesamtausgabe Bd. 11*, Suhrkamp.（＝居安正訳, 1994,『社会学』（上），白水社.）

杉田敦, 1991,「権力と暴力　一つの覚え書き」新潟大学法学会『法政理論』23-3/4, 148–170.

Tönnies, Ferdinand, 1896, *Hobbes. Leben und Lehre*, Frommann.

Tönnies, Ferdinand, 2019, *Gemeinschaft und Gesellschaft, 1880–1935. Ferdinand Tönnies Gesamtausgabe Bd. 2*, de Gruyter.

新聞記事にみる
近代東京・都市公園の話題変遷

──長期・記事見出しデータへの
トピックモデルの適用──

前田 一歩
東京大学大学院／日本学術振興会

1. はじめに

　本章は、近代東京の都市公園について言及する新聞記事見出しを対象に、トピックモデルという確率モデルをもちいることで、都市公園が語られるときの話題について分析する。トピックモデル（DiMaggio et al. 2013; 大林・瀧川 2016; 麦山・西澤 2017）は、テキストマイニングを導入する社会学研究で有効に活用されている手法のひとつである。このトピックモデルは、とくに大規模データに対応できる自動的な手法であることと、あらかじめ分析カテゴリを準備しない帰納的な手法であるという特徴を持つ（DiMaggio et al. 2013: 577）。本章では、新聞記事見出しの分析にトピックモデルを適用することにより、設置が開始されてから140年来の東京・都市公園をとりまく話題がいかなるもので、それはいかに変遷してきたのかについて明らかにすることを目的とする。

1.1 都市公園の利用・受容という研究対象

　われわれは都市公園にどのような利用方法を想定しているのだろうか。こんにちわれわれは、都市公園に多くの役割を負わせている。都市公園の使い方として、まず日常的には散歩やスポーツ、休憩、子どもたちの遊びなどのレクリエーション的な活動が想定されるだろう。そして住む場所を失った人びとを受け入れ、調査や炊き出しなど、支援の拠点とするセーフティ・ネッ

トとしての役割も考えられる。非日常的な使い方としては、都市公園はおおくの場合、災害時の避難場所として位置づけられていると同時に、祭りやイベントの会場とされることも少なくない。また都市公園は、政治的な主張をおこなう集合行動の場としても利用され続けてきた。

　都市公園が持つ多様な用途や役割が、日本社会において歴史的にいかに形成されてきたのかということは、近代日本の都市公園史を扱う研究で、問われ、解き明かされてきた主題である。近代日本の都市公園史については、おもにこれまで、造園学や行政学の分野において、都市公園造営の技術史的・思想史的側面や、都市公園の導入から普及までの制度史的な側面に照射した研究が進められてきた。これらの研究は、明治中期以降に計画と整備が進んだ都市公園が、ドイツやイギリスの造園思想と造園技術を日本に移植したものであり、日本における近代国家建設の過程で、「国家的な威信」を具現させるとともに、労働力再生産と児童教育の拠点として「富国強兵」に資する余暇活動や公衆衛生の場であったことを強調してきた（丸山 1994; 白幡 1995; 小野 2003; 申 2004）。

　その一方で、現実の利用や受容においてはどうだろうか。設置されたそれぞれの都市公園が、設計者や設置主体の意図通りに、人びとに受け入れられることがあれば、計画者にとってはまったく想定外の、それどころか正反対の使い方での利用や、意味づけが都市公園になされることもあった。たとえば、都市公園は、日常的な余暇活動だけではなく、集合的な示威行動や野外性愛によって特徴付けられる空間でもあることが指摘されてきた（井上 1999; 中筋 2005）。

　このように、しばしば行政主体が描いた理想とは異なった形でなされる、都市公園の利用や受容の様相を解き明かそうとする研究も、造園学や建築史、そして社会学の分野で進んでいる。とくに、この問題意識を前面に押し出す研究蓄積として「都市公園の生活史」を標榜する研究群（進士・吉田 1989; 小野 2007; 進士 2011）を指摘することができる。「都市公園の生活史」研究は、近代日本において「公園が市民社会に定着する様相」や「行政の動きを専門家や市民はどのように受け取ったか」について解き明かすことを目的とし（進士・吉田 1989: 155）、新聞・雑誌や文芸作品にある記述を収集し分析してきた。言い換えると「都市公園の生活史」は、メディアにあらわれる記述をもちいて、

都市公園で起きたできごとを把握することで、行政主体とは異なる論理のなかで、都市公園が受け入れられ、社会に定着する様相を探るための手がかりとしてきた。このように「都市公園の生活史」は、計画史的研究からは把握されえなかった都市公園の側面を示している点から、都市公園の多様な用途を解き明かしうる研究方針であろう。

しかし、そこで指摘される都市公園で起きたできごとが、じっさいのところどれだけ頻繁に起きたのかということや、それが限られた期間のみであるとすれば、いつ頃から見られ始め、いつ頃見られなくなったのかということが、資料の質的読解という方法だけでは、必ずしも明らかにならない。以上の問題を解決し、できごとから都市公園利用を解き明かす研究をおこなう前準備とするために、本章ではテキストマイニングの手法を活用した分析を試みる。新聞記事という資料に寄せていうならば、記者や編集者によって、ニュースバリューを持つと判断された、都市公園にまつわる現象を数量化し、可視化することによって、計画史的研究からは把握されえなかった、都市公園が社会に定着する様相を探るための手がかりとするのである。本章は、トピックモデルという確率モデルを援用し、新聞記事見出しにあらわれる話題を、自動的かつ発見的な方法によって探ることで、目視では捕捉できないような、テキストのなかにある構造を析出しようとする試みである。

1.2 本章の分析対象

本章の分析対象は、明治期の東京に設置され、現在まで利用され続けている都市公園である。そのなかでも上野公園 (1876–) と日比谷公園 (1903–) を分析対象とする。上野公園と日比谷公園は、近代日本の都市公園にとって、原初的かつ典型的である点から、本章の目的にふさわしい対象である。

上野公園は、日本で最初に設けられた都市公園のひとつであり、近世より存在する寛永寺境内地を第1回内国勧業博覧会 (1877) に合わせて整備しなおしたという特徴がある (小野 2003: 106)。上野公園は、既存のオープンスペースを都市公園として作り直した場所であるといえるだろう。たいして日比谷公園は、日本で初めて、用地取得から園内のデザインまで計画的に定められた都市公園であり、広場・芝生・噴水・運動場・遊歩道・花壇等を備える、西

洋式のデザインを持つという特徴がある（進士 2011: 2 章・3 章）。こうした特徴を持つ日比谷公園は、その後日本中に設置される都市公園の模範的デザインとなったと同時に、日本人の公園観を形作った（白幡 1995: 168）。本章は、こうした原初的かつ典型的な 2 つの都市公園が、明治期の開園から今日にいたるまで、どのような話題とともに新聞紙上にあらわれたのかについて明らかにしたい。

1.3　本章の構成

　本章は以下のように構成される。本節では、近代東京・都市公園という本章の研究対象にそくして、トピックを分析する動機や意義を述べた。2 節では、分析に使用するデータセットの作成方法およびその概要と、本章で用いる分析手法のトピックモデルについて説明する。3 節では、分析の結果、推定されたトピックについて解釈をおこない、続く 4 節では、トピックの時系列的な変化について検討する。最後に 5 節で、自動的な方法を用いておこなった都市公園のトピックについての分析から、既存の議論に対する貢献と意義を述べる。

2.　研究方法

2.1　分析に使用するデータセット

　本章の分析対象となるデータセットは、以下の方法により新聞記事の見出し[1]を収集することで形成される。本章では『朝日新聞』と『読売新聞』のオンラインデータベース[2]を利用し、それぞれのデータベースの検索窓に「上野公園」「日比谷公園」と打ち込むことで記事情報を抽出する。ここでは、十

1——記事見出しのほかに、本文を分析することが今後の課題となる。本文のテキストデータが公開されていない時期の記事（朝日：–1984、読売：–1985）についても、画像データの公開が行われている。これらの記事データには、旧漢字や歴史的かなづかい、ふりがなといった、OCR をおこなううえでの困難が存在している。記事本文の分析は今後の課題とし、本章では、現時点で利用可能な見出しの分析をおこなうこととした。

2——朝日新聞記事データベース聞蔵Ⅱ（https://database.asahi.com/index.shtml）、読売新聞ヨミダス歴史館（https://database.yomiuri.co.jp/about/rekishikan/）

分な記事数を確保するため「キーワード検索」を用いている。「キーワード検索」は、記事に紐づけられたキーワードをもとに記事を抽出する方法である。したがい、見出しに「上野公園」「日比谷公園」の語が直接含まれている記事のみを抽出する「見出し検索」とは異なる点に注意が必要である。以上から、「キーワード検索」において、記事が抽出されるかいなかは、アーカイブ化に際して、記事本文を参照してラベリングを行った各社の作業者の判断に依存することになる。このように「キーワード検索」には、記事の抽出基準が完全に明瞭ではないという欠点があるだろう。それでも、誰が検索をしても同じ基準で記事が抽出される、データセットの再現上の条件を満たしている点と、「見出し検索」と比較してより多くの記事を抽出できる分量の点から「キーワード検索」で得られる記事を、本章の分析対象とした。

　抽出された記事情報のうち、本分析で使用するのは「見出し」と「掲載日時」の情報である。これらの情報を抽出する期間は、それぞれの公園の初出年（上野：1876／日比谷：1889）から2019年5月31日としている。記述統計を表1に示すように、上野公園は18,819件、日比谷公園は9,921件の記事を抽出した。ひとつの記事見出しの長さは、平均して約13語から14語である。

表1　データセットの概要

公園名	分析期間	記事件数	抽出単語総数	抽出語数
上野公園	1876–2019	18,819件	254,834語	20,595語
日比谷公園	1889–2019	9,921件	140,048語	16,054語

　もう一点データについて補足すると、朝日新聞は1985年以降、アーカイブ作業者によるコーディングではなく、全文検索で記事を抽出している。すなわち、直近33年分のデータには、本文中に「上野公園」「日比谷公園」の語を含む記事が抽出されているということである。このように、データセット中で記事の抽出基準が変化している点に注意が必要である。それでも、トピックの長期的な変遷を見るという本章の目的と、読者が同じ方法でデータセットを再現できることを優先して、全文検索で抽出される1985年以降の見出しデータも、分析に使用することにした。

記事の文脈に関係なく頻繁に使用される語は、テキストのなかのトピックを探る際の妨げとなるおそれがある。したがって、分析の前準備として、分析に使用しない「ストップワード」を設定する必要がある。本章では、数詞と公園が立地する地名をストップワードに設定した。さらに新聞記事見出し独特の問題として、記事の種類を示すためにアーカイブ化の際に付けられたと考えられるラベル（【写真】や【画】など）、およびコラム名、そして人名に付けられる敬称と日付表現を、分析に使用しない語とした。本分析で設定したストップワードは表2のとおりである。なお、分析対象は名詞のみとしている。

表2　ストップワードのリスト

前処理語の種類	語のリスト
数詞	一、二、三、四、五、六、七、八、九、十、1、2、3、4、5、6、7、8、9、0
地名	東京、東京市、東京都、県、都、市、上野、日比谷、上野公園、日比谷公園
記事種類	【写真】、【写】、【画】、付録、広告、社告、連載、寄稿
コーナー名等	黄塵録、切り抜き、マリオン、Around Tokyo、よみうり、読売、港、いずみ、葉がき、気流、天声人語、おあしす、筆洗
その他、敬称・日付表現	さん、氏、ら、年、月、日、きのう、きょう、あす

　分析に先立って、記事の日付情報からわかることを確認しておく。日付という時間情報を利用できることは、新聞記事という資料の強みである。新聞資料のこの利点を分析に生かすため、テキストマイニングによる分析をおこなう前に、記事の時間軸上の分布を確認する。

　図1はそれぞれの記事の年ごとの分布である。上野公園については、内国勧業博覧会（1877, 1881, 1890）や東京勧業博（1907）と、ジャイアントパンダのカンカンとランランの来日（1972）の年に記事数が増加していることがわかる。日比谷公園については、日比谷焼打事件（1905）、関東大震災（1923）、年越し派遣村（2008–2009）と、大きなできごとや事件があった年に、おおくの記事が出現していることがわかる。また、上野公園、日比谷公園ともに、第2次大戦下においては記事数が減少している。

　つづいて記事数の月別の分布を示した表2を確認すると、3月から5月に

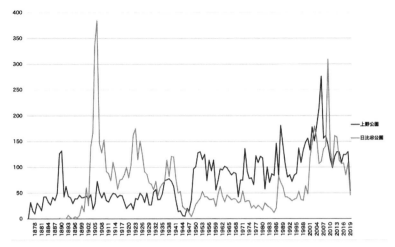

図1 上野公園と日比谷公園に言及した年別の記事数（1876–2019）

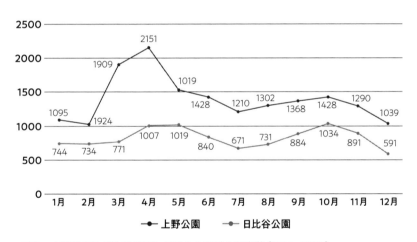

図2 上野公園と日比谷公園に言及した月別の記事数（1876–2019）

かけて、そして9月から11月にかけて記事が増加していることがわかる。屋外で過ごしやすい時期に記事数が増加するのは、都市公園という研究対象独特のデータの形であるといえるだろう。

2.2 トピックモデルの方法と意義

　前節で示したように、本章で扱う約140年分・約30,000件におよぶデータは、見出しといえども大量で、全体の傾向やその変遷を目視で把握するには難しい。そこで筆者は、トピックモデルという、文書中の単語の出現頻度にかんする確率モデルを利用することで、自動的にトピックを抽出する。

　以下ではトピックモデルが想定することを確認する[3]。①分析対象となる文書は「バッグ・オブ・ワーズ（Bag of Words）」と呼ばれる、語順を無視した単語の集合からなる。②それぞれの単語は、潜在的に存在するトピックから確率的に分配されることで文書を生成する。③文書中の単語の出現頻度は、それぞれのトピックが持つ確率分布に従属する。トピックモデルは、以上の確率分布を計算することで、文書が持つトピックについての推定をおこなう手法である（岩田 2015: 2章・4章；佐藤 2015: 2章）。本分析で分析単位とする文書は、見出しを10年ごとにひとつのテキストデータとしたものである（上野：15文書、日比谷：13文書）。文書単位を10年分ごとの記事の集合にした理由は、本研究が新聞記事上で話題になることの時系列的な変化を捕捉する目的を持つためである。なおトピックモデルは、ひとつひとつの文書のなかに複数のトピックが分布することを想定している（岩田 2015: 55）。

　トピックモデルを導入することにより、大量の文書集合が持つトピックについて、次の利点をもちながら検討することができる。ポール・ディマジオら（2013）によると従来の質的読解をもとにしたテクスト分析と比べて、トピックモデルを用いた研究がかなえうる理想は、以下の通りである。第1に、他の研究者が解釈を検証し、再現するために同じデータを入手しうるほど、明瞭な方法がとられていること。第2に、デジタルデータの膨大な広がりに対応するために、自動的な方法が取られていること。第3に、データのなかの構造を発見するために、帰納的な方法をもちいること。すなわち隠れた主題を発見すること。第4に、それぞれの単語を、文脈によって意味が異なるものとして扱うことで、意味の連関を捉えること（DiMaggio et al. 2013: 577）。トピックモデルが「帰納的な方法」であるがゆえに持つ利点はとくに重要であ

---

[3]──トピックモデルの数理的な説明は岩田（2015）と佐藤（2015）に詳しい。

る。大林真也と瀧川裕貴 (2016) は、トピックモデルの発見的な利点を強調している。「トピックモデルの特徴は、帰納的に、つまりあらかじめ与えられたカテゴリをもちいることなく、発見的にトピックを抽出することができるという点にある。つまり、分析の範囲をあらかじめ決められた狭い分類に限定することなく、思いもよらなかったトピックを発見することができる」(大林・瀧川 2016: 99–100)。

　文書が含む話題についてのテキストマイニングをもちいた分析は、たとえばKH Coder のコーディングを用いることで可能である。これは、分析者が事前に用意する単語リストをもとにコーディングをほどこし、その語が含まれる文や段落が出現する頻度を計算する手法である (樋口 2014: 43–9)。この手法にたいして、トピックモデルは、事前にコーディングをほどこす必要がない点から、分析者が前もって持つ先入観や問題意識によって見逃されてきた、文書中の話題を拾い上げることができる利点がある。以上から、トピックモデルは、まだその全容を把握しきれていない文書を対象にする、探索的な分析に向いている手法であると考えられる。

　その一方で、自動的かつ発見的な分析を可能にするトピックモデルであっても、実行にあたっては、次の点に留意する必要がある。小林雄一郎 (2018) によるとトピックモデルには、①分析者がトピック数を指定する必要があること、②計算過程に乱数がもちいられるために、実行するたびに結果が若干異なること、③トピックの内容を解釈するのは分析者であること (小林 2018: 136–137) という留意点が存在する。①については分析結果に介入される人手や恣意性の、②については分析結果の再現上の問題が起こると考えられる[4]。③については、多様で新奇な内容を含むトピックであっても、この段階で分析者があらかじめ想定していたカテゴリに当てはめられ、解釈されることが考えられる。また、分析者によって同じ結果から異なる解釈が生まれることも想定できる。したがって、トピックモデルが「人手を介在させることなく、大量の文書集合から話題になっているトピックを抽出できる」(岩田 2015: iv)

---

[4]──R 言語では、set.seed 関数をもちいて実行時に乱数の種類を指定することで、同一の計算結果を再現することができる。

としても、その分析結果は、分析者の問題意識や研究対象にたいして持つ知識に依存することに注意が必要である。

　本章は、トピックモデルのうち、潜在的ディリクレ配分法（LDA）をもちいた。これは、変分ベイズ推定をもちいた手法である（岩田 2015: 61–62）。実行に際しては、R パッケージの topicmodels を分析に使用している[5]。さらにトピック推定に加えて、テキストを 10 年ごとに分割し、当該年代のテキストが、どのトピックに属しているのか判別する事後生起確率を算出する。事後生起確率をもちいることにより、時代ごとに、どのトピックがどれだけ分布しているかを可視化することができる。このようにして、新聞記事にあらわれる話題が、時代を追って変遷する様相を明らかにする。

3. 分析結果——都市公園のトピック

　トピックの推定結果と事後生起確率によるトピックの 10 年ごとの分布を、表 3 と表 4 に示す。先述のとおり、トピックモデルを実行する際に、分析者はトピック数を任意に指定することができる。本分析では公園ごとに 7 トピックとした[6]。表の上半分には、それぞれのトピックにたいして関連度の高い上位 20 語が示されており、ここからトピックの内容を推測することができる。表の下半分は、それぞれのトピックが各文書のなかに占める割合を示している。したがって、行の合計が 100 パーセントになる。文書内のトピック比率を確認することにより、あるトピックが、どの時代に顕著にあらわれるのか明らかにすることができる。本分析では、トピックの内容と 10 年ごとに分けた文書のなかに各トピックが占める割合をもとめることで、都市公園に言

<hr>

5——R Packages "topicmodels"（https://cran.r-project.org/web/packages/topicmodels/）なお、R パッケージ topicmodels の内容について、Grün and Hornik（2011）で紹介と解説がなされている。

6——LDA を実行するにあたって、ディリクレ分布の次元数を固定する必要があるため、分析者は分析に先立ってトピック数を決定しなければならない（佐藤 2015: 135）。R パッケージを用いたトピック数の決定方法については、Murzintcev（2019）を参照して、各公園 5 トピックから 7 トピックが適切であるという推定結果を得た。

及する新聞記事の話題の特徴と、その変遷を明らかにする。なお、トピック番号が大きくなるごとに時代が新しくなるように、出力されたトピック番号を入れ替えている。本節では、推定された結果をもとに、実際の記事を確認したうえで、トピックの内容を解釈していく。

3.1 上野公園のトピック

上野公園にかんするトピックの推定結果と、トピックの10年ごとの分布を表3に示す。トピック1は、「美術」「音楽」「絵画」「内国」という語が頻出していることから、上野公園内の文化施設や内国勧業博覧会に関連する話題を示していると考えられる。このトピックは、1870年代から1900年代に分布している。また「行啓」や「皇后」など皇族と関連する内容も、トピック1の特徴をなしている。一例をあげると「内国勧業博覧会開場式に天皇が出席／太政官」（読売1877.8.16）や「皇太后が東京・上野公園へ行啓　水産博覧会と動物園を見学」（読売1883.4.19）「上野公園へ行幸行啓　日本皇帝陛下万歳」（読売1889.2.13）が顕著な記事である。トピック2も文化施設と皇族に関連するが、上野動物園にかかわる要素である「動物」「パンダ」「ランラン」が頻出語としてあらわれている。このトピックは1910年代と1970年代に分布している。たとえば「笑声溢る動物園　景気のよいのは猿と象　罪のない見物人の大賑ひ」（朝日1913.1.5）や「動物園の繁昌　活動写真の影響　動物の食費も上った」（読売1917.8.11）など、動物園の動物や経営が頻繁に話題にあがる時期である。

トピック3は、「動物」や「美術」という、動物園や文化施設とかかわる語が頻出語としてあらわれると同時に「少年」や「子供」など、子どもと関連する言葉が出現しはじめた点にその特徴を見出すことができる。このトピックは1920年代から1940年代にかけて分布している。その内容を検討すると「少年」と「子供」という用語の違いで、子どもについての異なる話題を見出すことができる。「少年」が用いられるときには「15歳の少年が、殺人強盗を犯す迄／東京・上野」（読売1923.11.20）や「二少年を闇打して強奪　3人の不良少年が／上野公園東照宮下」（読売1924.6.7）「不良少年検挙　花見時を前に一掃」（朝日1930.3.18）のように、犯罪の加害者や被害者として、すなわち保

護や矯正の対象として「少年」が話題になっている。たほう「子供」という語に照準すると、「弱い子供達を上野動物園で　保養をさせた夏休の万年小学校」（読売1922.9.1）や「子供のために良いオモチャを選ぶ会」（読売1926.1.19）など、教育の対象として子どもが話題にあがる。同時に「市と隣接町村30万の子供を二三箇所に集める　11月3日の体育デーに」（朝日1924.9.28）や「万国婦人子供博開会式状況　上野公園動物園前広場から」（朝日1933.3.17）という

表3　上野公園に言及する記事見出しのトピックとその10年ごとの分布

	トピック1	トピック2	トピック3	トピック4	トピック5	トピック6	トピック7
1位	美術	美術	動物	動物	動物	美術館	美術館
2位	協会	婦人	美術	パンダ	公園	美術	国立
3位	音楽	動物	公園	春	花	博物館	博物館
4位	絵画	写真	写真	山	行楽	桜	書法
5位	行啓	花	花	赤ちゃん	暴力	パンダ	音楽
6位	内国	パンダ	忍	花	忍	動物	世界
7位	桜	ランラン	少年	ニュース	春	国立	国宝
8位	総会	東宮	市	サル	ニュース	書法	動物
9位	学校	行啓	春	写真	カメラ	花	科学
10位	大会	協会	大会	行楽	山	人	美術
11位	勧業	忍	象	人出	サクラ	科学	桜
12位	博物館	桜	桜	サクラ	植物	忍	西洋
13位	皇后	春	男	公園	美術	満開	イベント
14位	商品	公園	博物館	都	サル	都	文化
15位	園芸	壇	子供	連休	人出	文化	美
16位	ヶ	宮廷	帝都	カバ	強盗	社長	作品
17位	華族	博物館	新聞	ゾウ	ゾウ	世界	都
18位	彫工	学校	ライオン	男	一般	写真	写真
19位	事務所	カラフル	赤ちゃん	忍	交通	顔	首相
20位	列	人	市民	嬢	動	首相	芸術
-1879	99.97%	0.00%	0.00%	0.00%	0.00%	0.00%	0.00%
1880-1889	100.00%	0.00%	0.00%	0.00%	0.00%	0.00%	0.00%
1890-1899	100.00%	0.00%	0.00%	0.00%	0.00%	0.00%	0.00%
1900-1909	100.00%	0.00%	0.00%	0.00%	0.00%	0.00%	0.00%
1910-1919	0.00%	100.00%	0.00%	0.00%	0.00%	0.00%	0.00%
1920-1929	0.00%	0.00%	100.00%	0.00%	0.00%	0.00%	0.00%
1930-1939	0.00%	0.00%	100.00%	0.00%	0.00%	0.00%	0.00%
1940-1949	0.00%	0.00%	99.99%	0.00%	0.00%	0.00%	0.00%
1950-1959	0.00%	0.00%	0.00%	100.00%	0.00%	0.00%	0.00%
1960-1969	0.00%	0.00%	0.00%	0.00%	100.00%	0.00%	0.00%
1970-1979	0.00%	36.93%	0.00%	63.07%	0.00%	0.00%	0.00%
1980-1989	0.00%	0.00%	0.00%	24.84%	0.00%	75.16%	0.00%
1990-1999	0.00%	0.00%	0.00%	0.00%	0.00%	100.00%	0.00%
2000-2009	0.00%	0.00%	0.00%	0.00%	0.00%	0.00%	100.00%
2010-2019	0.00%	0.00%	0.00%	0.00%	0.00%	0.00%	100.00%

ように、公園で行われるイベントの対象として子どもが位置付けられる。

1950年代と1970年代から1980年代にかけて分布するトピック4は、動物と行楽にかんする話題である。「パンダ」や「サル」等の動物名が、このトピックを特徴付ける語としてあらわれている。同時に「春」「花」「行楽」「人出」など、行楽と関連する話題が、この時期の記事には顕著であることがわかる。1960年代に分布するトピック5も、同じく動物や行楽に言及しているが、「暴力」と「強盗」という語がトピックの特徴をなしている点に注目したい。「高校生二人 おどし取られる 上野公園暴力・おどし」(朝日 1963.3.18) や「上野で"暴力サギ" 金奪い粗悪品押しつけ」(読売 1969.8.8) のように、日常的な犯罪を報道するものもあれば「なにごとぞお花見暴力 夜の上野、ケンカ32件 警官かけ回る 井の頭公園でも」(読売 1965.4.11) のように、行楽と関連する暴力が話題にあがることもある。

トピック6は、1980年代から1990年代に分布するトピックであり、「美術館」や「博物館」など、文化施設を話題にしたトピックである。2000年代から2019年代にかけて分布しているトピック7も同様に、文化施設を話題としている。いずれも文化施設と関連する話題が抽出されていると解釈できるが、その具体的な内容が1980–1999年と2000–2019年で異なるために、それぞれ異なる文書に分布する別のトピックとして抽出されていると考えられる。いずれにしても、1980年代から今日にいたるまで、上野公園について言及する新聞記事には、一貫して動物園、美術館、博物館といった文化施設にかんする話題が出現することがわかる。

3.2 日比谷公園のトピック

日比谷公園のトピック推定結果、およびトピックの10年ごとの分布を表4に示す。トピック1は1890年代から1910年代、および1950年代に分布している。このトピックには「祝勝」「提灯」「国民」などが頻出している。これは「東京市内の祝勝会 旅順陥落を期として日比谷公園で開催、参事会で決める」(読売 1904.6.3) や「連隊旗や旭日旗を描いた提灯の売れ行き好調 日比谷公園などで販売」(読売 1904.7.9) のように、日露戦争中の祝勝会・提灯行列といった「国威発揚」を目的とするイベントについての話題を示している。

その一方で「事件」や「電車」の語もこのトピックを特徴づけている。「日比谷焼打事件」(1905) に際する「講和事件に関する投書　巡査の狂乱・辞職あるのみ　憲政逸民　帝都の市街戦」(朝日 1905.9.7) や「東京市電値上げ反対運動」(1906／1908) を報じる「昨夜の電車事件 日本社会党員の示威運動 電車に乗らぬ同盟 電車乗客の減少」(朝日 1906.9.11) そして「血のメーデー事件 (皇居前広場事件)」(1952) 後に「参加者総検挙へ　合同捜査会議　メーデー事件」(読売 1952.5.2) など、このトピックが分布する時期に起きた、都市暴動を反映した結果であると考えられる。トピック2も同様に、「国威発揚」と関連するイベントを反映したトピックであり、1910 年代と 1930 年代に分布している。

　トピック3は 1920 年代に分布し、国家的なイベントと関連する語があらわれている。しかし同時に「子供」や「少年」という語が示すように、子どもが話題となりはじめるという特徴がある。記事を確認すると「遊び方の不注意から子供は不良になる」(読売 1926.3.21) や「子供の遊戯　春と秋は共同的、夏と冬は個人的　日比谷遊園場で遊戯の調査」(読売 1928.8.18) のように、この時期には、公園における子どもの遊び方が、関心の的になっている。この特徴は、同時期の上野公園のトピック3 (1920–1949) と一致する。

　また「劇」や「映画」も、この年代に分布する日比谷公園の話題を特徴付ける要素である。たとえば「歌舞伎の檜舞台を日比谷にうつして 市と本社が共同主催の下に 花をさかせる国勢調査宣伝 素晴しい大野外劇」(朝日 1925.9.23) のように、日比谷公園では、第2回国勢調査を宣伝する目的で野外劇が行われる。また「『やぶ入り』に少年店員たちの為に日比谷で野外劇」(読売 1923.7.8) と、子どもが劇の観客となる場面も存在する。「映画」についても同様で、「知事と市長が活弁の役廻りで今夜から朝鮮水害義金あつめの映画興行」(朝日 1925.8.5) や「国調宣伝の映画大会 市長も現はれて 日比谷公園で」(朝日 1925.9.5) と、義援金の募集や国勢調査の宣伝のために映画興行があった一方で、「児童映画デー 暑い中は休み 代りに音楽映画の夕を開催 市に調査会を設置」(朝日 1928.6.28) と子ども向けの映画興行が設けられたことも、この時期のトピックが示すことである。

　第二次大戦の戦中期を含む 1940 年代に分布するトピック4でも、国威発揚的なイベントと解釈できる「大会」「国民」「軍神」などの語が、トピック

と関連の強い語として示されている。さらに、このトピックの特徴は「ソフトテニス」「庭球」の語によって、日比谷公園のテニスコートで開催された大会がさかんに話題になっていることを示している点にある。また「西園寺公の遺志生かす簡素な国葬場 日比谷に昼夜兼行の工事急ぐ」（読売 1940.11.30）「国葬参列者の心得」（読売 1940.11.30）や「故山本元帥の国葬日 6 月 5 日と決定 斎場は日比谷公園」（読売 1943.5.27）のように、国葬の舞台として日比谷公園が

表4　日比谷公園に言及する記事見出しのトピックとその10年ごとの分布

	トピック1	トピック2	トピック3	トピック4	トピック5	トピック6	トピック7
1位	大会	婦人	音楽	大会	大会	首相	音楽
2位	音楽	大会	写真	国民	公園	公園	公園
3位	祝捷	写真	大会	国葬	都	イベント	首相
4位	電車	総会	公園	ソフトテニス	連	音楽	ウオーク
5位	事件	音楽	市民	吹奏楽	都心	原発	イベント
6位	総会	公園	市	庭球	メーデー	時代	声
7位	市民	花	花	軍神	全国	写真	都心
8位	国民	市	子供	帝都	全学	大会	ふるさとづくり
9位	公園	少年	少年	海軍	事件	都内	コンサート
10位	陸軍	愛国	本社	音楽	コンサート	都心	都
11位	市	菊	映画	軟式	被告	首都	動静
12位	光景	提灯	劇	元帥	音楽	大震災	マラソン
13位	提灯	市民	市長	航空	花	講座	締め切り
14位	大将	帝都	賑	軟庭	オウム	都	原発
15位	曲目	本社	青年	公園	緑	動静	天下
16位	参事	行啓	野外	市	都内	映画	人
17位	余興	庭球	つて	行進曲	春	事件	大会
18位	実業	春	児童	大将	国際	レストラン	年越し
19位	市中	賑	秋	陸軍	総評	声	税
20位	鉄	皇后	市内	学校	首相	市民	都内
−1899	99.94%	0.01%	0.01%	0.01%	0.01%	0.01%	0.01%
1900–1909	99.66%	0.00%	0.00%	0.33%	0.00%	0.00%	0.00%
1910–1919	0.00%	100.00%	0.00%	0.00%	0.00%	0.00%	0.00%
1920–1929	0.00%	0.00%	100.00%	0.00%	0.00%	0.00%	0.00%
1930–1939	0.00%	100.00%	0.00%	0.00%	0.00%	0.00%	0.00%
1940–1949	0.00%	0.00%	0.00%	100.00%	0.00%	0.00%	0.00%
1950–1959	54.90%	0.00%	0.00%	0.00%	45.10%	0.00%	0.00%
1960–1969	0.00%	0.00%	0.00%	0.00%	100.00%	0.00%	0.00%
1970–1979	0.00%	0.00%	0.00%	0.00%	0.00%	99.99%	0.00%
1980–1989	0.00%	0.00%	0.00%	0.00%	0.00%	0.00%	100.00%
1990–1999	0.00%	0.00%	0.00%	100.00%	0.00%	0.00%	0.00%
2000–2009	0.00%	0.00%	0.00%	0.00%	0.00%	0.00%	100.00%
2010–2019	0.00%	0.00%	0.00%	0.00%	0.00%	100.00%	0.00%

利用されたこととかかわる話題が抽出されている。

　トピック5は、あいかわらず集会の舞台として、日比谷公園が利用されることを示しているが、その内容が政治的な示威行動に変質している。「メーデー」「全学連」などの語が、このトピックと関連ある語として示されている。トピック5は、1950年代から1960年代にかけて、および1990年代に分布している。1950年代に分布するトピックを確認すると、先述のトピック1（国威発揚・皇族・暴動）が54.9パーセント、そしてこのトピック5（社会運動）が45.1パーセントという割合になっている。ここに、日比谷公園の話題上の決定的な断層があると考えられる。これ以降、日比谷公園の記事を特徴付ける話題は、社会運動と関連するものに推移するのである。

　1970年代と2010年代に分布するトピック6と、1980年代と2000年代に分布するトピック7も、社会運動に関連するトピックである。これらのトピックには共通して「原発」という語が見られ、トピック7には「税」や「年越し」「派遣」などの社会運動とかかわる語があらわれる。さらにこのトピックには「ウォーク」が頻出語として示されている。この語は「小児がんウォーク 19日 日比谷公園で」（読売2014.4.17）と、示威行動と関連づけられることがあれば、「都心の魅力、歩いて再発見 来月19日、グリーン・ウォーク」（朝日2005.2.25）というように娯楽イベントに用いられることもある。このようにトピック6と7には、娯楽イベントとして解釈できる語彙も含まれていることが特徴的である。いずれも上位語に「音楽」が存在し、トピック6には「映画」、トピック7には「マラソン」「コンサート」が、トピックと関連ある語として抽出された。

4. トピックの変遷——変わったこと、変わらないこと

4.1 啓蒙から社会教育・行楽の場へ、「猥雑さ」の縮小

　本項では、上野公園のトピック変遷について検討する。新聞記事にあらわれる上野公園のトピックには決定的な転換が存在しない。いいかえると1910年代の時点で、「美術」「博物館」などの文化施設や「動物園」といった、現在の新聞記事で話題となる要素が出揃い、引き続き話題になり続けている。そ

れでも、1870年代から1910年代の博覧会に代表される上野公園の啓蒙的な性格と1920年代から50年代にかけてトピックにあらわれる「暴力」や「猥雑さ」が後景に退いている点ついて、話題上の変質を指摘することができる。

　まず、トピック1と2に見られる「博覧会」と関連する要素は、1870年代から1910年代にかけてみられる特徴である。内国勧業博覧会は、1877年、1881年、1890年と3度にわたり上野公園で開催され、現在にいたる上野公園の性格に影響をあたえるイベントとなった（小野2003: 104–117）。これは明治政府が産業政策の展開を目論んで進めたイベントであり、集まる人びとに、展示される物品を比較し、選別するまなざしを獲得させる場と位置づけられた（吉見1992: 124–126）。こうした意図からわかるように、演出者としての明治政府は、博覧会を近世的な見せ物や開帳の場と断絶させ、その近代性を強調することをもっとも重視した（吉見1992: 122–130）。このように、産業の発展を目的として、それにふさわしい観察眼を来場者に獲得させるための啓蒙的な場こそが、1870年代から1910年代の上野公園の話題にあらわれる博覧会であり、そのための舞台として整備されたのが上野公園なのである。

　こうしたなか、天皇は上野公園において「近代」を演出するうえで重要なアクターであった（小野2003: 118–119）。内国勧業博覧会の建造物を分析した小野は、会場の空間構成が天皇のパフォーマンスを際立たせるものであったことを強調している（小野2003: 123–126）。この点から、本分析においても「行啓」や「皇后」などといった皇族と関連する要素が、上野公園のトピック1、2にあらわれることと整合している。

　そして、皇族と関連する要素は1920年代以降、1970年代にトピック2が分布していることを除いて、上野公園のトピックには存在しなくなる。ここから「近世との断絶」の演出、あるいは「近代」を演出する話題が、1920年代以降、上野公園にはほとんど存在しなくなったと解釈することができる。本分析では、1920年代以降今日にいたるまで、上野公園の話題が、行楽と文化施設における社会教育によって占められる、という推移を確認した。

　もう一点の変化は、上野公園の話題として「暴力」や「猥雑さ」が減退することである。3.1項で確認したように、1920年代から1940年代に分布するトピック3には「少年」が加害者や被害者になる犯罪が話題となっていた。

また 1960 年代に分布するトピック 5 は、日常的な暴力や犯罪、および行楽の場における暴力が話題となることを示していた。こうした上野公園の話題に存在してきた「暴力」や「猥雑さ」は、1970 年代以降、トピックの推定結果からは姿を隠すことになる。

4.2 国威発揚から社会運動の場へ

日比谷公園のトピックについては、1950 年代を境にして、決定的な断層が存在する。トピックの推定結果からは、国威発揚の空間として存在していた日比谷公園が、戦後、一転して社会運動の場となることを読み取ることができるだろう。1890 年代から 1950 年代に分布する日比谷公園のトピック 1 から 4 には、戦争中の祝勝会や、軍人と政治家の国葬、天皇・皇族にかんするイベントなど、日比谷公園が国威発揚的な集会の場として話題となることが多かった。トピック 3 に存在する「映画」や「劇」という、一見すると行楽的・娯楽的な要素を持つ語も、国勢調査の宣伝や被災地への義援金の募集など、国家的な公共性の下に、人々の意識や財産を動員しようとするイベントが行われる場所としての日比谷公園の話題を示している。

日比谷公園の話題にあらわれるこうした性格は、1950 年代に分布するトピック 5 以降、決定的に変質する。「メーデー」や「派遣」という語が示す労働運動だけではなく、「全学連」などの学生運動、近年はより個別的な主張をもって示威行進をする「ウォーク」などの語がトピックと関連の強い語としてあらわれるようになった。

ただし、1970 年代以降のトピックには、行楽・娯楽イベントともとれる語もあらわれていることに注目しなければならない。「マラソン」や「音楽」「コンサート」は、日比谷公園を会場とするイベントではあるが、その目的は娯楽である。ここには、南後由和による「政治の場」であった広場が、1970年代を境にして「消費の場」へと変質していく（南後 2016: 79–94）とする「日本的広場」の変遷史と重なる特徴が日比谷公園にも見られる。それでも、「娯楽」「消費」の場としての話題があらわれつつも、政治の場でもあり続ける点が、南後の挙げる「新宿西口広場」や「モールの広場」との違いを際立たせる日比谷公園という場所の特徴であると考えられるだろう。

4.3 都市公園利用者としての子どもの登場

　子どもと関連するトピックは、上野公園・日比谷公園ともに1920年代から40年代のあいだに分布している。子どもに関連する語が、大正期から戦中期にかけてのトピックを特徴づけることを示す本章の分析結果は、当時の公園行政担当者の著述とも整合する。東京市公園課長をつとめた井下清（1884–1973）の著述を確認すると、まさにこの1920年代において、それまで大人を利用者として想定していた都市公園に、子どもという利用者が位置づけられはじめることがわかる。

　　　　現在の社会人即ち我々の健康と精神的慰安に対する要求には各種の公園其他の計画が設けられてあるが、国家として最も大切な問題はこれまで欠亡に堪えて来た現代人に其欠乏を満すことも必要ではあるが、来るべき将来の国家を建設すべき基礎を作る児童の保健訓育上に、相当の力を尽すことは更に必要なることであって、又親としての自然の情であって、<u>大人本位の公園施設を子供の為に割き或は進んで総てを児童本位にすべしとの論が旺になった</u>のである。　　　（井下 [1920]1973: 1）（下線引用者）

　ここに見る都市公園への「子どもの登場」には、2つの側面が存在すると考えられる。それは3.1項でみたように「子供」と「少年」という語の間にある差異にあらわれている。すなわち「子供」という語とともにあらわれる教育の対象としての子ども像と、「少年」という語とともにあらわれる保護・矯正の対象としての子ども像が、この時代の子どもと関連するトピックには並存しているということである。

　本章では、推定したトピックの内容をもとに、1920年代から1940年代のあいだに、それが教育の対象であれ、保護・矯正の対象であれ、子どもが公園の利用者として議論され始めることを示した。また、トピックの分析からは、子どもに関連する話題が、1950年代以降、後景に退き、それ以降あらわれなくなることもわかった。

5. おわりに

　本章の分析では、新聞記事上にあらわれる上野公園と日比谷公園の話題とその変遷について、以下のことを明らかにした。上野公園・日比谷公園ともに、分析期間のはじめ、1870–1910年代において、啓蒙や国威発揚の場として記事の話題にあがり、1920–1950年代においては、子どもとかかわる話題がとくに前景化してくる。1960年代以降、上野公園は行楽と文化施設の話題に占められ、日比谷公園は社会運動の話題が抽出された。本章は、新聞記事見出しデータへのトピックモデルの適用により、啓蒙・国威発揚の場として表現された都市公園が、1920年代以降、子どもの教育・保護・矯正の場となり、第二次大戦後には、行楽や社会教育および社会運動の場として話題になるという変化を捕捉したのである。

　以上の成果をふまえたうえで、本節では、トピックモデルを適用した本分析の意義を、①既存研究の成果を追試したこと、②これまで取り上げられてこなかった都市公園の性格を示したことの2点から、まとめて結論としたい。

　まず、本分析は、都市公園をとりまくできごとについて、既存研究が取り上げてきた事柄を、あらためて可視化することに成功した。本章では、トピック推定をもとに、都市公園が啓蒙と国威発揚の場として語られたことを示した。これは、小野良平が、明治期の博覧会を契機にして、上野公園が啓蒙の場とされたことや、皇居前広場や上野公園や日比谷公園が、天皇を可視化させるイベントとパレードの発着地として利用されたことを、資料の質的読解をもとに解き明かしたことと整合する（小野 2003）。さらに成田龍一によると、都市公園や大通りを利用する行事は、国内の矛盾を覆い隠したうえで、熱狂のうちに人びとの連帯感を創出する装置であった（成田 2005）。以上にみたように、既存研究が繰り返し示してきた「国威発揚の空間」としての都市公園像と整合的なトピックが析出された。

　また、日比谷公園のトピック1と2にみられる「群衆行動」への動員と都市暴動も、既存研究は分析対象としている（中筋 2005）。そればかりか、既存研究は、国威発揚イベントと都市暴動の間にある連続性、すなわち、国威発揚イベントで開発された都市公園における群衆行動が、こんどは反体制的な運

動に利用されるということも強調してきた（前田 [1974]1978）。既存研究はこのように、トピックにあらわれる「国威発揚」と「群衆行動」の間には密接な関係があることを示してきたのである。戦後の日比谷公園に、社会運動のトピックが存在することについても、たとえば、南後由和は「日本的広場」が1960年代までは「政治の場」として成り立っていたことを認める（南後 2016: 78）。以上にみたように、本章が抽出したトピックは、既存研究で扱われてきた主題を、あらためて示しているのである。

　トピックモデルという手法が持つ発見的な利点（DiMaggio et al. 2013; 大林・瀧川 2016）は、本分析が都市公園の「猥雑さ」を示した点に見出すことができる。上野公園のトピック5は、上野公園における日常的な犯罪報道が抽出されていると同時に、それが戦後・都市公園利用の特徴である「行楽」を契機に起きることを示している。本分析が分厚い資料の存在を示唆する、都市公園における犯罪報道について「都市公園の生活史」研究はこれまで十分な関心を向けてこなかった。

　さらに、本章はこうした「猥雑さ」が子どもをめぐる記事にあらわれることも示した。同時期の東京・都市公園における子どもを扱ってきた既存研究（進士 2011; 吉田 2016）は、都市公園に集まる子どもを、教育や指導の対象として位置づけ理解してきた。「猥雑さ」を持つ都市公園のなかで、子どもが保護・矯正の対象としてあらわれることを示唆した本分析は、都市公園の新たな側面に照射するための取り掛かりとなる。このように「子供」と「少年」という用語の違いに注目することで示された、都市公園の話題に存在する子ども像の二面性は、テキストマイニングという手法によって、発見されやすくなったものである。ここに、テキストマイニングを導入する本分析がもつ、既存研究にたいする発見的な意義がある。

　最後に、今後の展望を述べることで本章を締めくくりたい。本章は「キーワード検索で抽出される約140年分の新聞記事見出し」というデータ上の制約をもちつつも、トピックモデルの利点を活かした分析をおこなうことができた。現時点では、新聞記事の見出しデータを利用せざるを得ない状況であるが、今後、OCR技術の発達や利用価格の低廉化が期待され、歴史資料についても、分析可能なデータは増加し続けるであろう。日々ウェブ上に投稿さ

れるデータも含めると、この先、都市公園の日常的利用を示すテキストデータが量を増し続けることは疑いようがない[7]。こうした、膨大な量のデータを分析することがもとめられる状況において、人手を使わない自動的な分析方法で、分析前には思いもよらなかった話題を発見できるトピックモデルの手法は、社会学研究においても有効でありうるだろう。

［付 記］

本研究は JSPS 科研費 20J10458 の助成を受けたものです。

［参考文献］

DiMaggio, Paul, Manish Nag, and David Blei, 2013, "Exploiting Affinities between Topic Modeling and the Sociological Perspective on Culture: Application to Newspaper Coverage of U. S. Government Arts Funding," *Poetics*, 41(6): 570–606.

Grün, Bettina and Hornik, Kurt, 2011, "topicmodels:An R Package for Fitting Topic Models," *Journal of Statistical Software*, 40(13): 1–30.

樋口耕一，2014，『社会調査のための計量テキスト分析——内容分析の継承と発展を目指して』ナカニシヤ出版.

井下清，1920，「公設の児童遊園」前島康彦編，1973，『井下清著作集 都市と緑』東京都公園協会，1–3.

井上章一，1999，『愛の空間』角川書店.

岩田具治，2015，『機械学習プロフェッショナルシリーズ　トピックモデル』講談社.

小林雄一郎，2018，『R によるやさしいテキストマイニング [活用事例編]』オーム社.

丸山宏，1994，『近代日本公園史の研究』思文閣出版.

大林真也・瀧川裕貴，2016，「『理論と方法』におけるテーマの 30 年，方法の 30 年」『理論と方法』32（1）：99–108.

小野良平，2003，『公園の誕生』吉川弘文館.

小野良平，2007，「近代の公園の文化的価値とその保全の意義」『ランドスケープ研究』70（4）：269–272.

7——「Yahoo! 知恵袋」や各種の SNS を通して日々生産され続けるウェブ上のデータを自動的に抽出し、都市公園をめぐって語られることをテキストマイニングを用いて分析した研究（菅原・高橋 2019）のように大規模データ時代の都市公園研究の蓄積が始まっている。

佐藤一誠，2015，『トピックモデルによる統計的潜在意味解析 自然言語処理シリーズ』コロナ社.

進士五十八・吉田恵子，1989，「震災復興公園の生活史的研究」『造園雑誌』52（3）：155–165.

進士五十八，2011，『日比谷公園——100年の矜持に学ぶ』鹿島出版.

白幡洋三郎，1995，『近代都市公園の研究——欧化の系譜』文思閣出版.

申龍徹，2004，『都市公園政策形成史——協働型社会における緑とオープンスペースの原点』法政大学出版局.

菅原規之・高橋雅和，2019，「都市公園に関する投稿傾向に関する研究」『電気学会研究会資料 IS』24（45）：47–50.

前田愛，1974，「日比谷焼打ちの『仕掛人』」1978『幻景の明治』朝日新聞社，220–243.

麦山亮太・西澤和也，2017，「大企業と中小企業が新卒者に求める能力は異なるか——求人情報サイトへのトピックモデルの適用」『理論と方法』32（2）：214–22.

Murzintcev, Nikita, 2019, "Select number of topics for LDA model"（https://cran.r-project.org/web/packages/ldatuning/vignettes/topics.html）（2019年12月18日取得）

南後由和，2016，「商業施設に埋蔵された『日本的広場』の行方——新宿西口地下広場から渋谷スクランブル交差点まで」，三浦展・藤村龍至・南後由和編，『商業空間は何の夢を見たか——1960～2010年代の都市と建築』平凡社，69–166.

中筋直哉，2005，『群衆の居場所——都市騒乱の歴史社会学』新曜社.

成田龍一，2005，「『国民』の跛行的形成——日露戦争と民衆運動」小森陽一・成田龍一編『日露戦争スタディーズ』紀伊国屋書店，114–129.

吉田早織，2016，「戦前日本における児童遊園の児童指導員に関する考察——東京市公園課の組織に着目して」『青山学院大学教育人間科学部紀要』7: 77–90.

吉見俊哉，1992，『博覧会の政治学——まなざしの近代』中央公論新社.

近代日本社会における Self-Starvation の歴史

——摂食障害の形成以前を中心に——

河野 静香
東京都立大学大学院・博士後期課程

1. はじめに

　時と場を問わず、われわれの人生には多くの困難が伴う。時と場により異なるのは、それらの困難のうち何を無視しがたいものとするか、そして、それに対してどのような社会的文脈でどのような意味を与え、いかなる制度的対処をおこなうか、である。

　本稿はそうした様々な困難のうち、人類にかなり普遍的にみられるセルフ・スターヴェイション（Self-Starvation、以下 SS と略記）[1] を取り上げ、日本社会が、1870 年代から 2010 年代にかけて、それをどのように理解し対処してきたのかを、新聞記事の計読により記述する。

　ここで SS とは、入手可能な食物が十分にあり、内科的にも外科的にも健康であるものの、食物を過少にしか摂取しない食行動を指す。SS に対する意味

---

[1]——歴史研究や社会学研究において SS は、1）意図的におこなう摂食拒否（Walter Vandereycken & Ron van Deth [1990]1996）、2）嗜癖としての摂食拒否（addiction to starvation）（Joan Jacobs Brumberg [1988]2000: 40）という、一見相容れないかのような 2 通りの意味で使用されている。しかし、この 2 つの定義は矛盾として捉えるよりも、SS の 2 側面として、合わせて捉えるべきだ。SS は、自発的な食行動であると同時に、当人の意思を離れ次第に習慣化していく行動パターンだからである。なお、このことを的確に言い表す日本語が存在しないため、本稿は SS にあえて訳語を与えないことにした。

づけと制度的対処の過程は、しばしば本人よりも周囲の人々が無視できない問題として認識することからはじまる。

　SS は、こんにちでは、拒食症や摂食障害などの名で〈心の病〉として意味づけられ、もっぱら医療と福祉の制度により対処されていることで知られる。だが実は、SS に対する理解と制度的対処のこのパターンがはっきりと現れたのは 1980 年代と比較的新しい。それ以前、SS は別の諸文脈で様々に意味づけられ、諸対処がなされていたのだが、こんにち、それらが顧みられることは非常に少ない。そもそも日本の歴史社会研究には SS が〈心の病〉として捉えられるようになっていった過程を記述した先行研究がほぼ存在しないに等しい。

　欧米の先行研究には、Vandereycken & Ron van Deth（[1990]1996）、Joan Jacobs Brumberg（[1988]2000）、Julie Hepworth（1999）などがある。Vandereycken ら（[1990]1996）は宗教や政治など、いくつかの異なる文脈で意味づけられた過去の SS 諸事例を列挙し、それらがこんにちにおける〈心の病〉としての SS とはまったく異なっていたと主張した。Brumberg（[1988]2000）は女性たちの SS 事例に着目し、西欧中世に〈奇跡のアノレクシア〉として注目を集めた女性たちの断食と同じ現象が、現代に至って医療の関心を集め〈心の病〉として捉えられるようになったと述べた。Hepworth（1999）は、SS が西欧中世の宗教的な事象から近代の医学的な事象へと再定義される過程を医療化（medicalization）[2]として論じた。しかし、これら欧米の先行研究は分析者の強い仮説に合致する事例を選び取り、その整理によって歴史記述をおこなうにとどまっており、その知見が、SS が〈心の病〉として捉えられるようになっていった歴史の全体の中にどのように位置づけられ得るかについては疑問がある。

　こうした研究状況を受けて、本稿は過去 150 年に渡る近代日本の全体に渡って存在した様々な SS 事例を体系的に収集し、それらが示す歴史的傾向を帰納的に見出すことを目指す。そのために本稿は《SS の医療化》を作業仮説として置く。作業仮説とは、それ自体の証明を目的とする仮説ではなく、研

2──医療化とは、非医療的な問題が病気あるいは障害という観点から医療問題として定義され処理されるようになる過程についての記述を指す（Peter Conrad & Joseph W. Schneider 1992=2003）。

究を進めやすくするためだけの暫定的な仮説である。つまり先行研究が《SS の医療化》を証拠立てるために資料を探索し、仮説に適合する事例を分析したのに対して、本稿は《SS の医療化》の作業仮説を、SS に対する医療以外の意味づけや制度的対処を示す諸事例を発見するために使うのである。

2. SS 事例の抽出

2.1 資料の選定

本稿は、『朝日新聞』、『読売新聞』、『毎日新聞』[3] の記事を対象に計読分析をおこなった。新聞記事を資料として用いるのは、それが広く人々の暮らしの中で生じる様々な困難を記録する媒体であり、かつ定型性と通時性を兼ね備えた資料であるためだ。また、3 紙は創刊号から最新号までの紙面を地方版まで含めてデジタル・アーカイブ化しており、各種の検索をかけられるため、効率よく分析対象を収集することが可能となる。記事の検索と収集には各新聞社が提供するオンライン記事検索システム（聞蔵 II ビジュアル［朝日新聞］、ヨミダス歴史館［読売新聞］、毎索［毎日新聞］）を使用した。

日本の社会学における摂食障害研究が扱ってきた資料を踏襲するのが望ましいのではないかとも思われたが、それに該当する先行研究（浅野千恵 1996; 加藤まどか 2004; 中村英代 2011）は、おおむね、研究がおこなわれた時点における日本社会の SS 理解、すなわち〈心の病〉としての意味理解を所与の前提としており、〈心の病〉以外の意味づけを与えられた SS 事例を含むような歴史資料にはほとんど関心を有さない。そのため、採用することを見送った。

同じ理由により、医療言説を資料とすることも見送った。医学関係のジャーナルなどに SS に関する言及が多く含まれるのは明らかだが、それのみに依拠しては、SS への医療的関心の生成以前を観測するのはほぼ不可能と予想された。

---

3 ——後に『毎日新聞』に統一される『東京日日新聞』は 1872 年 2 月、『大阪日報』は 1876 年 2 月に創刊された。『大阪日報』は 1888 年に『大阪毎日新聞』と改題された。1911 年には『東京日日新聞』と『大阪毎日新聞』が合併し、全国紙となった。その後『東京日日新聞』と『大阪毎日新聞』という 2 つの題号が統一され、1943 年 1 月 1 日に『毎日新聞』が創刊された。

2.2　分析手法と手順

　計読分析には、Microsoft Excel 2016 と、樋口耕一が開発した KH Coder を
用いた。

　新聞記事から SS 事例を抽出・整理する手順は以下の 6 段階を踏んだ。第 1
に、《SS の医療化》を作業仮説とし、これに関連すると考えられる語句を選
定することから始めた。〈心の病〉として意味づけられる SS が「拒食症」や
「摂食障害」として言及されることは自明なので、「拒食」や「摂食」でキー
ワード検索あるいは全文検索をかければ[4]、その事例の大部分を収集できると
予想し、実行した。そこで 3 紙のうち発行時期が最も早かった『毎日新聞』の
創刊、つまり 1872 年 2 月を起点とし[5]、2018 年 3 月までのあいだで「拒食」
あるいは「摂食」を含む記事を検索、収集した。

　収集結果は大部分が 1980 年代以降に偏った。だが、件数はわずかである
ものの、「拒食」を含む記事はそれ以前にも存在していたのがわかった。

　第 2 に、医療化以前の SS 事例をさらに収集するため、「拒食」の類語とし
て「絶食」「節食」「断食」「減食」を検索キーワードに加えた[6]。以下 SS と強
い関わりをもつこれらの語句を SS6 語句とよぶ。収集の結果、『朝日新聞』か
ら 5,291 件、『読売新聞』から 4,918 件、『毎日新聞』から 3,368 件、計 13,577
件の記事を得た。

　第 3 に、SS6 語句を含む全 13,577 件の、見出し部分を年代ごとにまとめ、

----

[4]──ヨミダス歴史館は 1874 ～ 1985 年、聞蔵Ⅱビジュアルは 1879 ～ 1984 年、毎索は 1872
　　～ 1986 年まで、記事本文のテキストデータが存在しない。そこで本稿はテキストデー
　　タ化されていない 1875 ～ 1980 年代前半の記事について、キーワード検索を採用した。
　　キーワード検索とは、見出しや本文に含まれる語句を対象に記事を検索する方法であ
　　り、見出しの検索だけではヒットしない関連記事を収集できるという利点がある。なお
　　1980 年代後半以降は、3 紙ともに見出しおよび記事本文のテキストデータが検索の対
　　象となるため、全文検索を採用した。

[5]──『朝日新聞』は 1879 年 1 月創刊、『読売新聞』は 1874 年 11 月創刊である。

[6]──SS6 語句の選定には数々の試行錯誤があった。〖食〗という語句で検索をかければ、食
　　行動に関連する記事をすべて抽出できるが、記事の件数が膨大となり分析に困難が生じ
　　てしまう。また〖ダイエット〗ではおおむね健康法や美容法を肯定的に捉え推奨する記
　　事が目立ち、本稿が必要とする SS 事例に類する事例を効果的に抽出するのに支障をき
　　たしてしまう。

表1 新聞記事の見出しあるいは本文に出現する語句（年代別）

No.	1870年代		1880年代		1890年代		1900年代		1910年代		1920年代		1930年代		1940年代		1950年代		1960年代		1970年代		1980年代		1990年代		2000年代		2010年代	
	抽出語	記事数	抽出語	記事数	抽出語	記事数	抽出語	記事数	抽出語	記事数	抽出語	記事数	抽出語	記事数	抽出語	記事数	抽出語	記事数	抽出語	記事数	抽出語	記事数	抽出語	記事数	抽出語	記事数	抽出語	記事数	抽出語	記事数
1	断食	11	断食	22	断食	19	断食	40	絶食	33	絶食	126	絶食	74	断食	74	断食	81	断食	107	断食	98	断食	240	断食	226	障害	365	障害	257
2	断つ	3	饗宴	5	絶食	10	絶食	30	断食	25	断食	81	断食	60	ガンジー	60	ガンジー	20	韓国	43	韓国	19	韓国	76	拒否	146	拒食	311	拒食	215
3	お告げ	2	話	5	折り	5	痩せる	12	婦人	11	市長	25	ガンジー	47	翁	25	留守	19	留守	20	留守	17	金	61	米	134	心	201	米	154
4	信仰	2	絶食	5	田村仁三郎	3	肥える	12	療法	8	市民	21	争議	14	アイルランド	14	印度	16	大中	20	大中	17	拒否	56	心	122	医療	187	デモ	153
5	体	2	移民	3	痩せる	3	法	8	減食	8	同盟	11	中止	12	容体	12	奄美	13	減食	16	減食	14	永三	55	療法	112	断食	186	死	115
6	男	2	黄檗	3	肥える	3	治療	7	影響	7	救坡	10	減食	11	印	11	海外	10	運動	16	運動	13	減食	49	女性	99	女性	168	病院	107
7	進	2	監獄	3	法	3	市川	7	付録	6	絶叫	8	インド	10	インド	10	印	10	印	13	印	13	運動	44	障害	90	障害	156	イスラム	102
8			粟飯	3	治療	2	虫	7	生活	6	死	7	政	10	政庁	10	中止	9	中止	11	中止	12	節食	41	健康	90	イラク	149	朝日新聞	100
9			神奈川	3	市川	2	不要	6	岸	6	餓死	6	自殺	9	断	9	悲願	9	絶食	11	絶食	11	学生	38	大統領	90	ハンスト	133	デモ	99
10			父親	2	虫	2	減食	5	暴騰	5	自殺	6	運動	8	ビルマ	9	政庁	8	問題	10	問題	10	民主	37	療法	81	デモ	132	デジタル	98
11			娘	2	減食	2	節食	5	ほか	5	研究所	6	釈放	7	悪化	8	大島	8	中止	10	中止	10	闘争	36	人	78	女性	129	女性	96
12			アメリカ	2	広告	2	一家	5	節食	5	減食	5	遂に	6	永井	7	短絡	8	抗議	9	抗議	9	運動	35	抗議	77	情報	118	食べる	86
13			イタリア	2	大学	2	画	5	物価	5	自殺	5	声明	6	促進	6	捕虜	8	求める	9	求める	9	アフリカ	33	英	76	攻撃	111	支援	81
14			フランス	2	抗議	2	駆虫	4	米価	5	比良	5	独立	6	闘う	5	運動	7	健康	9	健康	8	事件	33	過食	76	死亡	109	ダン	74
15			興風	2	殺虫	2	翼風	4	駆虫	5	コルカ	5	首相	6	危篤	5	政庁	7	事件	8	事件	8	健康	32	事件	71	過食	107	福岡	74
16			医学	2	子供	2	医師	4	出版	5	英国	4	男	5	救援	5	日本	6	減食	8	減食	8	女性	30	ダイエット	69	ダイエット	106	医療	72
17			源	2	本郷	2	渇	4	児童	4	志雄	4	糧秣	5	断食	5	絶食	6	体制	7	体制	7	絶食	29	イスラム	68	ダン	106	患者	71
18			治療	2	衛生	2	感じ	3	米国	4	鉛保	3	英	5	対地	4	続く	6	海外	7	海外	7	人	29	インドネシ	68	岸	105	生きる	70
19			感じ	2	河村	2	実験	3	研究	4	技師	3	衝突	5	各地	4	闘争	6	学生	7	学生	7	インドネシ	28	インドネシ	67	患者	94	五輪	68
20			拒否	2	実験	2	拒否	3	諂	4	青	3	慶ぶ	5	関東	4	復帰	6	死ぬ	7	死ぬ	7	中国	28	ストレス	65	健康	92	実力	68
21			禁酒	2	食べ物	2	禁酒	3	儀状	4	子	3	染	5	国民	4	要求	5	事故	7	事故	7	米	26	韓国	61	英	92	心	64
22			決議	2	北	2	北	3	電報	4	死亡	3	ハンスト	5	死	4	きょう	5	食べる	7	食べる	7	日本	25	攻撃	60	病院	91	フィギュア	63
23			研究	2	譚	2	研究	3	同盟	3	試験	3	ネスト	4	秋	4	ソ	5	危機	6	危機	6	ランチ	25	月	60	特集	88	ウクライナ	63
24			差	2	渡辺	2	慈	3	独	3	ハンスト	3	頑張る	4	食糧	4	大会	4	問題	6	問題	6	絶食	25	ルキウス	60	名古屋	82	名古屋	61
25			催し	2	弥三郎	2	催す	3	内職	3	頑張る		警視庁	4	衰弱	4	遺族	4	外交	6	外交	6	支援	24	特集	60	患者	81	心	60
26			土族	2			土族	3	夫	3	続く		死	4	絶食	4	引き揚げ	4	反対	6	反対	6	道場	24	社会	56	食べる	77	講演	60
27			重病	2			成田山	3			同情		実験	4	養成	4	回答	4	療法	6	療法	6	問題	24	世界	56	子ども	77	世界	60
28			出稼ぎ	2			僧	3			愛蘭		政府	4	狼狽	4	厚相	4	夫人	6	夫人	6	イラク	23	登校	55	治療	77	日米	59
29			図る	2			男	3			死す		職術	4			大島	4	イラン	6	イラン	6	国会	23	考える	53	護憲	75	三重	59
30			責任	2			渡辺	3			腹		療術	4			日	4	インド	6	インド	6	護衛	23	西部	52	相談	75	治療	59
31			粗食	2			弥三郎	3															西部	23					声	59
32			続く	2																										
33			吐き気	2																										
34			渡す	2																										
35			人物	2																										
36			発明	2																										
37			病気	2																										
38			米国	2																										
39			母	2																										
40			抱える	2																										
41			問題	2																										
42			悶々	2																										
43			剃らか	2																										
44			留守	2																										
45			課	2																										

合計 15 個のデータセットを得た。各年代の見出しで出現回数の多い語句は【表 1】のとおりだ[7]。【表 1】には 2 件以上出現する語句を計上した。

　第 4 に、出現語句の年代別の推移を次の 3 つに区分した。【表 1】によると、1870 年代〜1970 年代は拒食症や摂食障害の名で言及される SS 事例がほぼみられず、1980 年代〜1990 年代は〚拒食〛（202 件、うち拒食症は 145 件）、2000 年代〜2010 年代は〚摂食〛（526 件、うち摂食障害は 501 件）の出現回数が増加している（〚〛内は、形態素解析システム「茶筌」により得られた形態素を示す。以下同じ）。この知見から、1870 年代〜1970 年代を医療化以前の時期（第 1 期）、1980 年代〜1990 年代を拒食症としての医療化の時期（第 2 期）、2000 年代〜2010 年代を摂食障害としての医療化の時期（第 3 期）とした[8]。

　第 5 に、第 1 期（1870 年代〜1970 年代）、つまり医療化以前の SS6 語句を含む記事群、計 1,507 件から[9]、実際に SS 事例への言及を含む記事を抽出した【図 1】。この作業にあたっては、計読に頼らず、記事本体の精読によって確認する必要があった。SS 事例を判定するにあたっては、冒頭の SS 定義に基づき、当事者が何らかの意図から始めた食物の過少摂取が、その意図を離れ、当初の意図とは異なる結果を生じさせていることが明確に述べられているか否かを基準とした。その結果、第 1 期の記事群の中から計 160 件の SS 事例を抽出することに成功した。

7──語句の出現回数は記事 1 件を最小単位として算出し、計上した。たとえば、「［女から吹く風］女たちの祭り大成功　森田ゆり（寄稿）」という見出しには〚女〛が 2 回出現しているが、記事の件数は 1 件とカウントされる。

8──なお、第 1 期から第 2 期への変化は、記事の抽出基準がキーワード検索から全文検索へと変更されているために生じているのではない。データベースの全文検索が可能となるのは、ヨミダス歴史館が 1986 年、聞蔵Ⅱビジュアルが 1985 年、毎索が 1987 年からだが、〚拒食〛が出現し始めるのは 1980 年代前半（13 件）であり、最大の件数増大は 1980 年代後半（43 件）ではなく、1990 年代である（146 件）。ここから、第 1 期から第 2 期への移行は抽出基準の変化によるものではなく、SS に対する意味づけの質的な変化によるものだといえるだろう。

9──内訳は 1870 年代に 18 件、1880 年代に 42 件、1890 年代に 50 件、1900 年代に 110 件、1910 年代に 114 件、1920 年代に 226 件、1930 年代に 214 件、1940 年代に 200 件、1950 年代に 127 件、1960 年代に 207 件、1970 年代に 200 件であった。

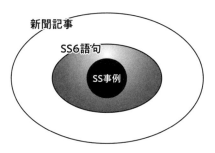

図1 SS6語句を含む記事と、SS事例を含む記事の関係

　最後に、各時期区分において特徴的なSS6語句と関連する語句をKH coderで算出し、各関連語をコーディングした【表2】。SS6語句がどのような文脈で言及されていたかを明らかにするため、KH coderでSS6語句の関連語を参照した[10]。

表2 関連語のコーディング（時期区分別）

時期区分	関連語 (件)			コーディング
第1期	〖祈願〗(15)	〖祈る〗(12)	〖仏教徒〗(10)	宗教
	〖祈祷〗(9)	〖宗教〗(7)	〖僧〗(7)	
	〖運動〗(26)	〖政治〗(21)	〖抗議〗(20)	政治
	〖スト〗(10)	〖闘争〗(10)	〖争議〗(12)	
	〖療法〗(41)	〖道場〗(23)		美容・健康
	〖やせる〗(19)	〖美〗(5)	〖美人〗(4)	
	〖自殺〗(25)			自殺
	〖拒食〗(6)	〖神経〗(3)		医療
第2期	〖精神〗(234)	〖病院〗(225)	〖治療〗(221)	医療
	〖医師〗(176)	〖病気〗(176)	〖患者〗(158)	
	〖学校〗(209)	〖登校〗(179)	〖高校〗(145)	教育
	〖子供〗(204)	〖子〗(189)		
	〖女性〗(134)	〖女〗(37)	〖フェミ〗(10)	フェミニズム

10──【表2】では、各新聞における連載記事の小見出しに関連する語が多く含まれるために除外したものがある。除外したものは以下のとおりだ。まず、広告の小見出しには〖広告〗という語が含まれる。同様の理由で〖投書〗〖談〗〖連載〗〖写〗〖寄稿〗も除外した。次に、〖東京〗などの地名はSSの文脈を把握するのに不要と判断し除外した。

	〖治療〗(478)	〖病院〗(475)	〖患者〗(397)	医療
第3期	〖病気〗(370)	〖医師〗(348)	〖医療〗(335)	
	〖センター〗(429)	〖支援〗(307)	〖保健〗(128)	福祉
	〖福祉〗(109)			

2.3 初歩的な分析と仮説の導出

SS6語句とその関連語がどのような文脈で使用されていたかを概観した【表2】から、次の2点がいえる。第1に、SS6語句は大別して、宗教の文脈、政治の文脈、美容・健康の文脈、自殺の文脈、医療の文脈、教育の文脈、フェミニズムの文脈、福祉の文脈で言及されてきた。第2に、SS6語句を含む諸文脈は、1980年代と2000年代を境に大きく変化した。

ここから次の仮説を導くことができる。第1期 (1870年代〜1970年代)、SS は主に宗教、政治、美容・健康、自殺の文脈で言及されていたのではないか。第2期 (1980年代〜1990年代)、SS は主に医療、教育、フェミニズムの文脈で言及されていたのではないか。第3期 (2000年代以降)、SS は主に医療と福祉の文脈で言及されているのではないか。

この仮説は、あくまでSS6語句を含む記事の大掴みな分類から得られただけであって、それがそのままSS事例にもあてはまるかは記事内容の詳細に立ち入って検討してみないと分からない。次節では、医療化以前と想定される第1期 (1870年代〜1970年代) に特に焦点を合わせ、上の仮説に沿って1件1件の記事内容を確かめ、宗教、政治、美容・健康、自殺の文脈で言及される実際の SS 諸事例の存在を特定し、考察する。第4節では、第2期 (1980年代〜1990年代) と第3期 (2000年代以降) の諸様相を簡単に概観し (詳細については別稿に譲る)、第5節では知見のまとめをおこなう。

3. 第1期におけるSS記事本文の内容分析

第1期、SS6語句は宗教 (171件)、政治 (610件)、美容・健康 (61件)、自殺 (38件)、医療 (18件)、その他 (266件) という6つの文脈で言及されていた。記事内容の詳細に立ち入ってみると、実際の SS を確実に含むと判断できる記

事は宗教（32件）、政治（49件）、美容・健康（16件）、自殺（13件）、医療（26件）、その他（35件）の計160件であった。なお、1つのSS事例が複数の文脈を含むと判断された場合、該当する文脈すべてに件数を計上した。たとえば、ガンジーの断食を宗教的行為あるいは政治的行為のどちらで捉えるべきかについては諸説あるため（山折哲雄 1974）、「ガンジー断食　無条件釈放要求」（毎日新聞 1943.2.11 朝刊）は宗教で1件、政治で1件ずつ計上した。つまりSS6語句を含む記事の約10%に実際のSS事例を検出できた[11]。

3.1　宗教の文脈でのSS事例

　宗教の文脈でのSSは女性（8件）に比べ男性（15件）が多く、年齢層には顕著な偏りがみられなかった。宗教の文脈でのSSは男女ともに、現世利益を意図した断食による身体の衰弱、そして意図せざる死として扱われることが多い。だがそれ以外に、高齢男性の場合には、即身成仏を意図したものとして理解されることもあった。

　宗教の文脈での男性のSSは、現世利益[12]を得るために断食をおこなった末に身体が衰弱し、意図せずして命を落としてしまう場合に言及されることが多かった。

　心願のために寺で断食をおこなって体調を崩し、自宅へ戻って医師の治療を受けようとしたが間に合わず、意図せずして落命した男性の事例（読売新聞 1877.5.23 朝刊）や、20歳男性が健康になりたいと神に祈るため7日間の断食をおこない、餓死してしまった事例（朝日新聞 1891.7.19 朝刊）がこれにあたる。他者から食物を与えられても決して口にせず、「別に病気ではない、心願があって断食をしており、歩き回って疲れたのでこのまま死んでも構わない」と、道端に倒れ込む30代半ばの男性の事例（読売新聞 1885.6.18 朝刊）もこれに該当する。これらの断食は現世利益を意図しておこなわれたにもかかわらず、その

---

[11]——第1期（1870年代〜1970年代）のSS事例を含む記事群（160件）を、第1期のSS6語句を含む記事群（1,507件）で除して算出した値に100をかけ、第1期の記事全体のうちSS事例が含まれる事例の割合を%で表した。

[12]——現世利益とは「人間が超自然的な存在との関係を通して、日常生活上の諸問題に関する直接のおかげを得ること」（宮家準 1980: 131）を指す。

意図と異なる形で死亡してしまったことが、驚きをもって新聞に取り上げられた。

　一方、即身成仏を意図したと考えられる断食も一部の人々のあいだでおこなわれており、新聞はそれも取り上げている。

　ある村に住む77歳の男性は50日前から白衣をきて引き籠り、蕎麦粉3、4合と水だけを飲んで生活していた。記者は、男性が絶えず「天下泰平子孫長久」と唱えて死に至るのを待っていると伝えた（朝日新聞 1900.4.12 朝刊）。

　上記の事例から、SS当事者が高齢男性であり、即身成仏を意図していることが本人の説明から明らかな場合には、予想される死そのものは問題視されなかったのがわかる。記事に描かれたのはもっぱら断食という行為自体の詳細である。これは即身成仏が社会的尊敬の対象となっていたためと推察される。

　宗教の文脈での女性のSS事例の多くにも現世利益を意図したとの理解がみられる。

　9歳の少女は突然一粒も米を食べなくなり、祖父母は心配し、両親は何の病気か分からないと悩んでしまった。眼もくぼみ、歩くのもおぼつかない少女の姿をみて、父親は不憫に思い奮発して鰻を買ってきたが、少女は食べないと主張した。逆上した父親が怒鳴りつけると、少女は両親のために願掛けをしているだけで病気ではないと話した（読売新聞 1875.4.10 朝刊）。また、山で衰弱して倒れていた17歳の少女が救出されたが、心願のために断食をおこなったため精神に異状があるわけではないとされた事例（朝日新聞 1918.6.18 朝刊）もある。

　こうした願掛け、心願による現世利益の意図とはやや異なり、もし高齢男性なら即身成仏として解釈されたであろう、次の若い女性の事例も存在する。

　恋人との結婚に反対した両親に反発した女性は絶食して死のうとし、3度の食事に箸をつけず南無阿弥陀仏と唱えてお膳を突き返すようになった。女性は骨と皮になって往生すれば体重が軽くなり、蓮の臺に乗る時に茎が折れる心配がないと話した（朝日新聞 1900.5.29 朝刊）。

　当事者は死後の世界に行くために絶食をしており、即身成仏と関係づけて理解されてもよいように思われる。しかしそうではなく、両親への反発を意

図したものと解されている。即身成仏は高齢男性がおこなわないと社会的尊敬の対象とはならなかったのではないか。

中世ヨーロッパにおいて、若い女性のアノレクシアが驚きをもって取り上げられ、記録に残されたのは、当時、断食は男性高僧が、自らの宗教的権威を高めるためにおこなう達人的行為であり、若い女性がおこなうとは想定されていなかったためだった（Walter Vandereycken & Ron van Deth [1990]1996）。

これに対し、第1期の日本においてSSが宗教の文脈で新聞に記録されたのは、現世利益のための世俗的な祈願の手段としての食の節制が、当事者の意図に反して死を帰結することへの驚きからだった。また、かつて仏教において男性高僧が行っていた達人的行為としての即身成仏に関する知識を動員して、俗人高齢男性の意図的なSSが理解される事例が少数ながらみられたのだった。若い女性のSSがこうした即身成仏との類比で理解されることは、本研究の資料を見る限りでは存在しなかった。

3.2 政治の文脈でのSS事例

政治の文脈でのSSへの言及は海外のハンガーストライキ（以下ハンストと略記）事例の紹介に関するものがほとんどだ。

とくに1920年代に生じたアイルランドの独立に際し、コルク（コーク）市長が行った絶食（朝日新聞 1920.9.1 朝刊、読売新聞 1920.9.16 朝刊）、市長に感化されて結成された絶食同盟の様子（朝日新聞 1920.9.15 朝刊、読売新聞 1920.8.18 朝刊）が頻繁に紹介された。市長は長期の絶食で談話もできる状態になく、医師による人工補養が試みられたが、後日死亡してしまった（読売新聞 1920.9.1 朝刊）。断食同盟を結成した700人の人々の中には容態が悪化し監獄医の手当てを受ける者や、68日間の絶食で命を落とした者もいた（朝日新聞 1920.10.21 朝刊）。

こうした事例が連日取り上げられたのは、もちろんアイルランド独立に対する関心もあると思われるが、当時の日本で断食が、もっぱら上に述べた宗教の文脈で理解されていた点を考慮すると、政治的要求を通すための摂食拒否がきわめて新奇な出来事だったためと考えられる。現世利益にせよ死後の安寧にせよ、いずれも個人的な目的である。これに対してコルクにおけるハンストは個人ではなく集団の利益を目的としている。このことの意外性から、

新聞はこの出来事に着目し記録したと考えられる。

　こうした海外事例が紹介されたあと、1930年代から、日本でのハンストも新聞に取り上げられるようになった。集団の利益を意図した抗議活動としてのハンストが発生すると、それに対処する側は、落命を防止するために医療的な介入をおこなっていた。

　たとえば、会社の経営方針に抗議するためハンストに参加した人々が、心臓の不具合等が原因で次々と病院へ運ばれたことを伝える事例（読売新聞1931.5.2朝刊）が存在する。また、20代女性の共産党員が警察の留置所で20日間のハンストを決行した事例も興味深い。食事を拒否する女性に困り果てた係官は医師とともに、女性の口をこじ開け牛乳と鶏卵をゴム管で胃に流し込んだ。それが上手くいかない場合にはブドウ糖注射を打ち、何とか落命を防いだ（朝日新聞1933.12.16夕刊）。

　このように第1期の政治の文脈でのSS事例を概観すると、ほぼ必ずといっていいほどの割合で内科医療の介入が伴っているのが分かる。つまり近代日本では〈SSの心の病化〉に先立って医療はSSに介入していた。ただし第1期の政治の文脈でのSS事例において医療の介入を要請しているのは、SS当事者が政治的要求をぶつける相手側（工場における経営者、共産党員にとっての警察）であり、そこでの医療的対処は最低限の生命維持に限られていた。第2期、〈心の病〉の時代に医療の介入を求めるのが、SS当事者の親密圏の人々（家族や教育関係者）であり、また、SSの心因の理解やカウンセリングによる医療的対処がおこなわれるようになったのとは大きく異なっている。

3.3　医療の文脈でのSS事例

　第1期でSS当事者の動機が不明である際に、周囲の人々がSSの意味理解を医療の文脈に求め、制度的対処を必要とする場合があった。この項では、医療の文脈でのSS事例のうち、医師に身体の異状を疑われ制度的介入を受けた2つの事例を紹介する。

　ある男性が女中として雇い入れた17歳の女性は、1カ月前から突然一粒の食も摂らなくなった。女性は30日近く断食したままだが顔色も変わらなければ肉も落ちず、毎日平気で働いている。その様子に驚いた雇い主は、医師

に相談したり、女性の親に話を聞くなどした。最終的には、各学界の研究資料として栄養研究所の博士に相談を持ち掛けることになった。雇い主が家族にたずねたところ、女性は10歳の頃から年に一度、15日程度の断食が続くようになったという（読売新聞 1922.6.5 朝刊）。

　食物をほとんど摂取していないにもかかわらず働き続ける女性の姿に驚き、制度的対処を求めたのは奉公先の雇い主であった。女性の家族は原因不明の断食が定期的におとずれることを知っており、その上で女性を奉公に出しているため、女性のSSをとくに問題視していなかったと推察される。記者は女性の様子と雇い主の慌てぶりを中心に言及している点から、普通に生活する当事者と食物の過少摂取に驚く関係者のあいだの認識の落差に注目しているといえる。

　SSの当事者より、むしろ周囲の人々がその様子をみて驚いたり、心配したりして制度的対処を求める事例は他にもある。

　28歳男性は突然食事を摂らなくなり、白パンをきわめて少量口にし、日に三椀の茶をすするだけで、ほとんど絶食状態であった。周囲の人々は医師に診てもらうよう勧めたが、男性は「身体は健康であり、ただ食欲がないだけだ」と答え、来診を拒絶した。その後、男性は一切食事をしなくなり、わずかに茶と水を求めるだけになった。強制的に入院させられてから男性はみるみる衰えていき、最後は病院の2階の窓から地上に飛び降りて死亡した（朝日新聞 1905.1.20 朝刊）。

　それまで普通に食事を摂っていた男性が突然絶食するようになったのをみて、周囲の人々は身体の病気を疑い、医療的対処を求めた。しかし、当の本人は食欲がないだけで病気ではないと話し、医師の介入を拒絶している。SSに対する当事者の理解と周囲の人々の理解は異なっており、制度的対処の必要性はもっぱら周囲の人々の要請によって生じていたといえる。

3.4　精神病や狐憑病とされるSS事例の登場

　20世紀初頭から次第にSSが病名で言及される事例が出現するようになる。ただしここで言及される病は、脳や神経といった器官の不全であって、〈心の病〉ではない。これらは男性（2件）に比べ女性（8件）が圧倒的に多く、年齢

は 10 代（3 件）と 20 代（6 件）、40 代（1 件）である。ここでは SS の諸特徴とそれに対する医療的対処が詳細に記述されている事例 2 件と、「狐憑病」として言及される事例 1 件を取り上げる。

　第 1 の事例は「拒食症」である（1 件）[13]。21 歳の女性は清国に在勤している恋人が帰ってくるまで食事を摂らないと宣言し、神仏に祈りをささげていた。その様子をみた家族は女性を心配し東京脳病院に入院させた。院長によれば、拒食症は「一種の精神病」であり、軽症であれば人前では食物を口にせず、人がいなくても衣類やハンカチで顔を覆って食事をする。あるいは、人が寝静まったのを確認して食べる。こうした患者には鼻孔からゴム管を通して胃に挿入し、日に 2、3 度ずつ牛乳や鶏卵、スープなど、生きるのに必要な滋養物を送り込む療法を施すしかない。もしゴム管を口から挿入しようとすれば患者は歯を喰いしばってこれを拒否するが、鼻孔からだと拒まない。先の女性も、どんなに説得しても口からは食べようとしないため、ゴム管で食物を補給し生活しているという（朝日新聞 1907.11.20 朝刊、読売新聞 1907.11.20 朝刊）。

　第 2 の事例は「拒食性精神病」である（1 件）。突然米を嫌いだし、一粒も食べようとしない 12 歳の少女が取り上げられた。少女は次第に米以外の食物も口にしなくなり、4 カ月近く絶食状態が続いたため、全身痙攣症を起こして歩行が困難になった。治療の結果、杖を使って少しずつ歩行できるようになり、米やその他の食物も少量ずつ口にするようになった。しかし少女は未だ人前で食べることを嫌がるため、小さい握り飯や寿司など形状を変えて密かに食物を与えるようにしているという（朝日新聞 1907.12.5 朝刊）。

　第 1 事例で、SS 当事者は現世利益を意図した宗教的行為として自分の SS 行為を意味づけているのに対して、第 2 事例にはそのような当事者による意味づけが欠落している。しかしこの点を除くとこれら 2 つの事例には共通点が多い。いずれも若い女性で、近親者を含め他者の視線があるところでの摂食の困難が述べられている。対処を求められた専門家である医師はそれを精神病として意味づけ、医療的対処は、病因を究明し除去することではなく、生

13——1907 年 11 月 20 日の『朝日新聞』と『読売新聞』で取り上げられているが、いずれも同じ事例を扱っているため 1 件とした。

命の危険を避けるための内科的処置に限られている。当時の日本の精神医療の標準に照らせば、ここで精神病とされているものは、こんにちわれわれが知るような意味での〈心の病〉ではなく、脳と神経という器官の機能不全を指している。

「狐憑病」として言及されたのは、3歳の弟を背負って遊びに出かけたところ行方不明になった11歳男子の事例である（1件）。行方不明になって1週間後、餓死した弟と一緒に倒れていたのを発見された男子は生命危篤の状態に陥っており、自宅で手当てを受けた。男子の様子をみた医師は彼を狐憑病と診断したという（朝日新聞 1911.1.18 朝刊）。

近代日本の始まりとともに政府は宗教的迷信の打破を試み、狐や狸の憑依という理解を否定した（岡田靖雄 2002: 113–122）。そこで従来化け物の憑依として説明されていた現象が脳や神経などの器官の不全へと再定義されていった。狐憑きという超自然的現象は狐憑病という脳の症状として再定義されるようになり、人間の器官に原因が求められるようになったと推察される。

新聞記事を見る限り、20世紀前半においては、SSが精神病として名指される場合であっても、〈心の病〉ではなく脳や神経という器官の不全を指しており、症状への対処には内科的処置だけが適用されていたのである。

3.5 自殺の文脈でのSS事例

第1期、自殺の文脈でのSSは女性（2件）に比べ男性（7件）が多く、年齢は10代（1件）、20代（5件）、60代（1件）、70代（1件）である。

10代、20代の若者の断食自殺として言及されたSS事例は、いずれも、哲学や宗教思想にあかるい青年や私立大学に通い学業に勤しむ学生、すなわちエリート層の人々であった。若者の断食自殺は当事者が自殺を試みた理由が焦点化され、発見されてすぐに医療機関に接続されるという特徴がある。

私立大学で哲学を研究する23歳男性は、この世が嫌になり、海で投身自殺を図ろうとしたが、失敗に終わってしまう。投身自殺に失敗した男性はその後、神社がたつ山林で絶食自殺を試みた。発見された当初、男性は虫の息で倒れていたため、すぐに付近の病院へ搬送された。その時すでに断食から6日が経過していた（読売 1932.9.16 朝刊）。

同じく、私立大学に通う22歳男性は、進級試験に合格できず、また神経衰弱に陥ったため学問を断ってしまった。家出をして山に向かった男性は、そこで2週間近く飲まず食わずの状態で過ごしていた。後日、森林の中で人が死んでいると通報をうけた警察は、医師と写真師とともに現場へ向かい、検視をおこなった。すると、倒れていた男性が急に起き上がったため、周囲の人々は声を上げて驚いた。男性はすぐに病院で手当てを受け、一命をとりとめた（読売新聞 1933.10.13 朝刊）。

　佐藤雅浩によれば、20世紀初頭以降、学生の神経衰弱に関する事例が紙面で取り上げられるようになり、過剰な勉学が若者の精神をむしばんでいるという問題意識を醸成していった（佐藤 2013: 99）。1920年代〜1930年代、若いエリートがSSから自殺に陥る姿は、当時の人々にとって理解不能、かつ対処を要する重大な問題となった。高尚な勉学をおこなうエリートは、社会の中で最も高級な知性を身に着けているはずで、社会を指導する立場につくべきはずなのに、現実には正反対に、その知性を活用できず、社会を嫌悪している有様は衝撃的だった。しかもその現象の原因とされる厭世と神経衰弱は、当事者の宗教的な意図にも政治的な意図にも還元できないし、当時標準的だった医療的介入すなわち内科的処置では本質的な改善につながらないのも明らかだ。1920年代〜1930年代の若いエリート男性によるSS自殺という現象は、このように社会的理解の真空に置かれていたのである。

　日本の近代医療史を顧みると、この時期はちょうどジクムント・フロイト（1856–1939）の精神分析が本格的に受容され始め（西見奈子 2019: 6）、日本精神分析協会[14] が組織されるまでになった時期にあたる。

　フロイトの精神分析は、それまで日本で知られていたヴィルヘルム・グリージンガー（Wilhelm Griesinger、1817–1868）らの精神病器質説[15] と異なり、患者の

14──日本精神分析協会は、フロイトが創始した International Psychoanalytical Association の日本支部である。

15──日本近代精神病学はドイツ由来の学説から強い影響を受けてきた（兵頭 2008: 93–94）。日本で最初の精神医学講義をおこなったドイツ人の内科医エルヴィン・ベルツ（Erwin von Blz、1849–1913）は、東京医学校で開講された内科学講義の中でグリージンガーの教科書を使用した。当時の日本は、精神医学の講座も教室も独立しておらず、精神医学

言動にみられる症候の原因を、必ずしも脳や神経といった器官の不具合に還元するのではなく、後天的な性的経験の無意識への封印に求めた。フロイトがカウンセリングを通してそれを回想し言語化することに治療の基軸を置いたこともよく知られているとおりである。

　日本ではSSが20世紀初頭には精神病として理解されるようになり始めていたことを3.3に指摘した。そのことと1920年代～1930年代のSS自殺に対する理解の真空、同時期における精神病の非＝器質的な新理論体系の出現を重ね合わせると、この時点で〈SSの心の病化〉が生じても不思議はなかったようにも思われる。しかし新聞記事を見る限り、この時期にSSに対する医療的な意味づけの質に大きな変化があったとはいえない。精神医学の専門家のあいだで新しい理論体系が学ばれ、共有されたからといって、それがただちにSSの診断や治療に応用されるわけではないのである。

3.6　美容・健康の文脈でのSS事例

　1930年代から、美容や健康を意図して生じるSS事例が取り上げられるようになった（6件）。こうした事例は当初、諸外国で起きる珍しい事例として取り上げられた（3件）。

　はっきりとSSと判断できる事例が散見されるようになるのは、1950年代以降である。1950年代には、モデルや女優といった特殊な職業に就く海外の女性がSSに陥る様子が取り上げられた。たとえば、美しさを追求した結果、死に至った20代の女優が紹介された。女性の死因は心臓マヒだとされたが、彼女の友人たちは無理な減食が原因だと話した。美しい外見を手に入れるため、朝食は全く摂らず、昼食は軽いサンドウィッチとコーヒーだけ、夕食もほとんど食べないという食生活を送っていたという（読売新聞1957.12.16夕刊）。

　1930年代～1950年代おいて日本では美容を意図して生じるSSは、特殊な職業に就く海外の女性たちが陥る身体の変調として理解されていたにすぎな

専任の教授もいない状況であったため、精神病器質説を提唱したグリージンガーの学説は日本の精神医学に新しい知識をもたらしたとともに、大きな影響を与えたと考えられる。

かった。

1960 年代以降、美容を意図した SS が日本国内の出来事としても言及されるようになった（3 件）。

ある高校の教師は、自分のクラスの生徒が美容に気をとられ食事を摂らない様子に戸惑い、相談のため厚生省に手紙を出した。スマートになるために食事を制限する若い女性たちを医師や厚生省職員は栄養失調と理解しており、将来的に出産に影響を及ぼすことを危惧した。記者はアメリカの事例を挙げて、栄養価の高い食物を食べれば美しくなると説明し、厚生省が示した女性の身長別、年齢別正常体重を掲載した（読売新聞 1965.4.16 夕刊）。

この記事は次の 4 点において非常に興味深い。まず、当事者でもなく、当事者の近親者でもなく、医師でもない新たな解釈主体が登場している。教師である。第 2 に、SS に直面した教師は、従来の近親者にみられたような有無をいわさぬ強制摂食でなく、従来の医師にみられたような経口・経鼻給食やブドウ糖注射でもなく、当事者の目的意識（美容の追求）を汲んで、説諭による改善を図ろうとしている。第 3 に、問い合わせを受けた側の医師や厚生省職員は、19 世紀末から受け継がれてきた内科的見地からの SS 理解を踏襲して、SS をまずは栄養失調として受け止めている。その上で、教師が説諭のアイデアを求めていることに応じて、出産に向けて過度な食事制限を戒めること、つまり目的の変更（美容より出産）を提案している。第 4 に、記事をまとめた記者は、目的自体の変更ではなく、目的を達する手段の変更（美容のための絶食から、美容のための摂食へ）を提案している。

だが 1970 年代になると、当事者が美容を目的として過度な食事制限に陥ってゆくことが、精神科医によって、当事者の目的意識や手段考量ではなく、当事者が意識しない本能や心情との関係で解釈される場合が散見されるようになった。例えば次の事例である。

ある高校 3 年生の女子は顔やスタイルを気にし、まともに食事が食べられなくなった。女子高生はどんなに食事を制限しても外見を他人と比較してしまい、死にたくなってしまうと話した。精神科医は、女子高生の SS を生と死への本能の強さによるものと解し、青春期の心情の動揺として説明する。精神科医は SS を改善するためには食べることが重要で無理な我慢はかえってよ

くないと助言し、好きな男性をつくってそれに熱中するのもよいとした（読売新聞 1978.12.9 朝刊）。

　当事者は自分の SS を、美容という目的によって意味づけているが、医師はそれを、おそらくフロイト派精神分析に由来する自我欲動／性欲動仮説を用いて解釈している。それによれば、人間は個体としては本質的に死へと傾斜している（SS はその 1 つの現実的な表現として解釈できる）。この自我欲動に抗うのが種族としての性欲動であり、その発動の時期である思春期には、性欲動の主体としての自我形成が望ましい。逆に、性欲動の対象としての優劣に自我形成の根拠を求める（同性同年代との比較）と、死への傾斜が強まる。この事例から、近代日本における〈SS の心の病化〉の進行を読み取ることができる。

3.7　その他の SS 事例

　第 1 期の中で、上記のどの文脈にも属さない事例はその他として件数を計上したが、この項ではそのうちの 1 件を紹介する。

　19 歳の女性は出稼ぎで留守にする父親に、家を守るよういわれていた。しかし、弟が盗みで拘引されて以後、女性は父親との約束を守るため、たとえ飢死しても家を離れないと誓い、家に閉じこもってしまった。絶食状態の女性をみた差配人や近所の人たちは気の毒に思い、食物や金を与えたが、女性は一向に受け取らない。周囲の人々は警察をよび説得を試みたが、女性は気力が衰え、舌も強ばり、口が利けない状態になっても、説得を聞き入れる様子はなかった（読売新聞 1884.10.9 朝刊）。

　この事例では、家を守るという個人的な理由から女性が次第に SS 状態に陥る様子がうかがえる。差配人や近所の人たちはまず、女性が家を出なくてもすむように食物を持って行った。しかし、周囲の人々の意に反し、女性は食物を受け取らなかった。興味深いのは、次に人々が頼ったのが警察であり、警察による説諭という手段であったことだ。差配人や近所の人たちは女性が病気で食物が食べられないのではないことを知っていた。そこで人々は、食べられないのがなぜかという原因の究明ではなく、どうしたら食べさせることができるのかという手段を必要としたのだ。

　人々が SS の原因を究明するのではなく、食物を食べさせるために制度（警

察や内科的処置）を頼るというのが第 1 期の特徴であり、これが、SS を〈心の病〉として扱い、原因であるとされる心の問題に対処する制度（精神科医やカウンセラーなど）が登場する第 2 期以降とは決定的に異なる。

4. 第 2 期と第 3 期の概要

4.1 第 2 期［医療、教育、フェミニズム］

　第 2 期（1980 年代〜1990 年代）、SS は拒食症の名で、もっぱら医療の文脈で論じられるようになった。これを Hepworth が提唱した《SS の医療化》に類する側面を有すると考えることも可能であるが、医療だけでなく、教育の文脈とフェミニズムの文脈も著しく増加した点を考慮する必要がある。

　第 2 期の医療、教育、フェミニズムという 3 つの文脈に共通していたのは、SS が〖心〗（1980 年代に 12 件、1990 年代に 112 件、計 124 件）と強く関連づけられるようになったことだ。医療者、教育関係者、フェミニストカウンセラーは SS を家族や学校、社会に端を発する〖心〗の問題によって生じると理解していた。第 2 期に至り、SS の原因は身体の器質ではなく心という無形の対象に還元され、理解されるようになったのだ。次の事例を 1 つあげよう。

　ある女子高生は突然、食事に手をつけなくなった。朝、夕に食べるのは黒パン 1 個と、ほんの少しの野菜と鶏肉のみで、54 キロあった体重は 37.5 キロまで減少した。内科医や家族は女子高生に食事を摂るよう強く勧めるが、本人は「自分は病気ではない」と通院を拒否した。後日、女子高生は精神科で拒食症と診断された。精神科医は家族や学校の友だちとの関係に SS の原因を見出し、治療を勧めた。別の精神科医は SS を女性性の否定や成熟拒否と捉え、これを改善するのには家族で食卓を囲むのがよいとした（毎日新聞 1984.12.25 朝刊）。

　SS に対する理解は当事者と周囲の人々のあいだで、必ずしも一致するわけではない。たとえ同じ精神科医という立場であっても、SS を家族や学校といった文脈で理解するか、成熟拒否などフェミニズム的な文脈で理解するかが大きく異なっていた。第 2 期、精神科医に共通していたのは、SS を〈心の病〉として名づけ、対処することであった。

4.2 第3期［医療、依存、福祉］

第3期（2000年代以降）、SS は摂食障害の名で言及されるようになった。『精神』が用いられる文脈が変化し、医療だけでなく福祉に関わる語句とも共起するようになった【表2】。

SS が摂食障害の名で普及するようになって、家族や医師など周囲の人々だけでなく、当事者自身が、それを身体的な疾患ではなく〈心の病〉として理解するようになり始めている。次の事例にはそのことが典型的にあらわれている。

24歳女性はダイエットがきっかけで摂食障害になり、58キロあった体重が32キロまで減少した。ある日女性は、摂食障害当事者を支援するカフェで働く当事者たちに出会い、苦しんでいるのは自分だけでないことを知った。女性はその後、週に2回カフェで働くようになった。利用者の男性は当初、摂食障害の人たちが飲食店を手伝う様子を不思議に思ったが、今では違和感がないと話した。記者は、摂食障害の治療には医師の助言も重要であるとし、心療内科医のコメントも紹介した（朝日新聞 2005.5.20 朝刊）。

当事者は SS を摂食障害として理解するようになり、自分と同じような経験をする人々との出会いをとおして社会との接点をもつようになった。そして、客として店を利用する人々も当事者をとおして SS を摂食障害として理解していく。

摂食障害の治療に医療的対処が求められるのは第3期も同様であるが、21世紀に至り、日本では SS 当事者の就労や居住の確保などの生活支援が、福祉行政によって重点的に進められ始めた。こうした支援は当事者、家族、それ以外の周囲の人々が SS を摂食障害として理解していることを前提として成立している。

ただし、第3期には、摂食障害を他の依存（主にアルコールなどの物質依存）と関連づける新しい理解も新聞記事に散見されるようになった。このことによって〈心の病〉としての SS 理解・対処に変化が生じるかどうか、今後注視する必要がある。

5. おわりに

　本稿は、近代日本において SS が〈心の病〉になる以前における意味づけや制度的対処の諸特徴を探知すべく、新聞記事の計読をおこなった。それは SS の歴史に関する欧米の先行研究にみられた過度の単純化と、資料選定の恣意性の疑義という難点を一定程度克服しつつ、次のような知見をもたらした。

　第 1 期（1870 年代〜1970 年代）、SS は宗教の文脈のみならず、政治、自殺、美容・健康、医療の文脈でも言及されており、医療による制度的対処も当初からおこなわれていた。ただしこの時期、医療の文脈で言及される場合、SS はもっぱら身体の衰弱として理解されていた。20 世紀に入ると SS に精神病や拒食症という名称が用いられることもあったが、それはおおむね身体の衰弱の延長線上で、脳や神経という器官の不全として捉えられるにとどまっており、第 2 期、第 3 期における〈心の病〉としての捉え方とは明らかに異なっていた。また、SS への医療的対処は内科的処置（強制的な経口・経鼻給食、ブドウ糖注射等）に限られていた。

　1920 年代以降、日本にも、フロイトの名とともに、後天的経験の無意識への封印に精神病の原因を求める立場が形成された。しかしその SS への適用が新聞記事から明確に確認できるようになるのは 1960 年代からである。

　第 2 期（1980 年代〜1990 年代）、SS を医療の文脈で拒食症などの名で〈心の病〉として理解するパターンが最多となった。政治、自殺の文脈での SS 言及はほぼ消滅し、それと入れ替わりに教育とフェミニズムの文脈での SS への言及が新たに生じた。これらは量的には医療に及ばないものの、確かに存在していた。欧米の先行研究における〈医療化〉概念が予想させる、医療の言語と制度による排他的独占の達成は、少なくとも近代日本社会における SS に関しては成立しなかったのではないか。

　第 3 期（2000 年代以降）、拒食症に代わり摂食障害という〈心の病〉の命名が現れ、福祉の文脈での意味づけと制度的対処への言及が増大した。ただしこの時期、SS への医療的対処への言及も増加していることから、日本では欧米の先行研究における〈脱＝医療化〉概念が予想させる、医療的対処の衰退とは著しく異なる事態が進行していると予想される。

今後、本研究は、第1期において身体の器質の異状として理解されていた SS の原因が、第2期において〈心の病〉として理解されるようになってゆく変化が、いかにして生じたのかを明らかにすることを目指す。そのためには、新聞に限らず経験的な資料をもとに、SS 諸事例を探知し、詳細に検討する必要があるだろう。

［参考文献］

浅野千恵，1996,『女はなぜやせようとするのか──摂食障害とジェンダー』勁草書房.

Brumberg Jacobs Joan, [1988] 2000, *Fasting Girls: The history of anorexia nervosa*, Vintage Books.

Conrad, Peter and Schneider, Joseph. W., 1992, *Deviance and Medicalization: From Badness To Sickness*, Temple University Press. (=2003, 進藤雄三・杉田聡・近藤正英訳『逸脱と医療化─悪から病いへ』ミネルヴァ書房)

Hepworth, Julie, 1999, The Social Construction of Anorexia Nervosa, SAGE Publications.

兵頭晶子，2008,『越境する近代6　精神病の日本近代──憑く心身から病む心身へ』青弓社.

加藤まどか，2004,『拒食と過食の社会学──交差する現代社会の規範』岩波書店.

宮家準，1980,『日本宗教の構造』慶応通信.

中村英代，2011,『摂食障害の語り──〈回復〉の臨床社会学』新曜社.

西見奈子，2019,『いかにして日本の精神分析は始まったか──草創期の5人の男と患者たち』みすず書房.

岡田靖雄，2002,『日本精神科医療史』医学書院.

佐藤雅浩，2013,『精神疾患言説の歴史社会学──「心の病」はなぜ流行するのか』新曜社.

Vandereycken, Walter & Ron van Deth, [1990] 1996, *From Fasting Saints to Anorexic Girls: The History of Self-Starvation*, The Athlone Press.

Wilhelm Griesinger, 1867, Die Pathologie und Therapie der psychischen Krankkeiten, Adolf Krabbe. (= 2008, 小俣和一郎・市野川容孝訳,『精神病の病理と治療』東京大学出版会.)

山折哲雄，1974,『東洋人の行動と思想5　ガンディーとネルー』評論社.

婦人運動とウーマン・リブとの架橋

——「日本婦人問題懇話会」の会報にみる リブへの共感と距離感——

樋熊 亜衣
筑波大学

1. 問題設定

　2010 年代後半、セクシュアル・ハラスメントの被害を訴える「#Me Too」運動が、アメリカを中心に SNS を通じて各国に広がりを見せた。日本においてはさらに、それになぞらえた「#Kuu Too」運動も話題となる等、性暴力や性規範への反対運動が活発な動きを見せている。

　日本において性暴力や性規範の存在を初めて指摘・批判した運動といわれているのが、1970 年前後に起きたウーマン・リブ[1]（以下、リブとする）である。リブはそれ以前の運動では問題とされてこなかった「性」の問題を取り上げた運動といわれている。そして、日本の第二波フェミニズムの端緒ともいわれ、2000 年頃からリブの主張を再考する動きがフェミニストの間で起こる等、時間を経てもなお関心を寄せる人が多い運動である。

　日本において女性解放がどのように進められてきたのか、またどのような課題があり、何が必要とされてきたのか。それらを知る方法として、筆者は

---

[1]——1960 年代後半から欧米を中心に起こる Women's liberation の和製英語である。「ウーマン・リブ」という表記は、欧米の運動を真似しているのではなく日本独自の運動であるということを表すために運動当事者らによって使用されていた。現在でも当時の運動を「ウーマン・リブ」「リブ」と表現することが多い。

こうした女性運動の歴史を紐解いていくことが重要だと考えており、上述の再考も支持している。しかしながら、日本の女性運動は、歴史的にもグループ的にも断片的に捉えられることが多い。例えば、リブは1970年代前半と後半の運動に大別できるとする見方が強いように。

　この見方は、1985年に江原由美子が行った総評から始まる。江原曰く、リブは1975年を境に二つに分けられる。70年代前半は比較的若い世代の女性が中心のラディカルな主張をする運動であり、70年代後半はそれよりも上の世代や社会的地位もある女性が中心の穏健な運動である（江原1985）。さらに江原は、70年代前半の「初期リブ」の問題提起は、後続の運動には十分に引き継がれなかった（江原1985）と評価する。上野千鶴子は、江原が提示したこの見方をリブの「『断絶』説」と表現し、さらにこの断絶説が「日本のフェミニズムの歴史研究のうえでは」研究者だけでなくリブの担い手の間でも「優位に立っている」と説明している[2]（上野2009: 28）。

　また、3節でも詳しく述べるが、リブはそれ以前の婦人運動（以降、既存の婦人運動とする）が問題としてこなかった様々な問題（特に「性」に関することへの言及や、「母親」「妻」といった女性に付された役割への批判等）を取り上げたことから、「新しい」女性運動とも評価される。リブと既存の婦人運動、リブの「断絶」説を踏まえると、日本の女性運動の歴史は主に次の図1のような見方が通説[3]といえる。当然ながら、時代が変わるごとに運動主体や課題すべてが変わるものではないが、AからB、BからC、と段階的に捉えられやすい。また、初期リブに焦点を当てると、どうしてもその前の運動、後の運動というような位置づけにされがちである。

　しかしながら、上野が言及しているようにリブの「前史」と「後史」についても注目しなければならない。

2──当事者からも1975年以降の運動に対しては、「国際婦人年以降の運動」と「それ以前の運動であるリブ」（田中2005: 46）や、「行政の中での行動計画づくりとか、……そこにエネルギーを吸い取られていった」（井上ほか1996: 56–57）という批判的な見方を示している。
3──リブの断絶説についてまとめている樋熊（2012）を参照し、筆者が作成。

既存の婦人運動（〜70年）

・母親や女性労働者などの役割に依拠した運動
・戦後の憲法改正により男女平等は達成されている
・女性問題＝女性の努力が足りないから起こる問題

初期リブ（70年代前半）

・20代前半の若い女性（学生等）が中心
・女性問題を考えるとき、変えるべきは社会の意識
・性の問題を取り上げるなど、ラディカルな問題提起を行った

後期リブ（70年代後半）

・国際婦人年以降にグループを結成した比較的年齢・社会的地位が上層の
　女性たちが中心
・意識変革志向が薄れ、制度変革志向が強まった

図1　段階論的な女性運動史観

　リブがリブ世代だけのものではなく、それには前史も後史もあることは
強調されてよい。リブより年長の世代は、それぞれの世代的な関わりから、
「中年リブ」や「主婦リブ」になっていった。「中年リブ」はとつぜんリブ
になったのではなく、それ以前から抱いていた問題意識にリブが行動と言
語を与えることで、それに合流したのだ。（上野 2009: 29 下線筆者）[4]

　特に本稿で注目したいのは、この「前史」である。初期リブの「新しさ」
に注目するとき、同時にそれ以前の運動の不足点が言及される。例えば、"リ
ブ以前の運動は性に関するテーマを取り上げてはこなかった"、"性に関する
視点が無かった"という形で触れられる。

4——例えば、リブが起きた1970年は40代であったという駒尺喜美は、その当時を振り返り
　　「リブによって、わたしは蘇生した」、リブは「わたしが力及ばず声にし得なかったことを、
　　形にして表現してくれた」（駒尺 1976: 98）と記している。

しかし「新しい」運動が登場すると、それ以前の「古い」運動は終わりを告げるのかといえば、当然そうではない。Taylor（1989）が主張するように、私たちが運動の「誕生」や「終焉」として見ているものは、運動の「突破口」や「ターニングポイント」なのである[5]。そう考えるならば、上記のような段階論的な女性運動史とは異なる見方が提示できるのではないか。女性運動は得てして、"くだらないこと"や"些末なこと"を騒いでいると嘲笑され矮小化されることが多い[6]。それゆえに、筆者は運動を断片的なものとみるのではなく、継続的な面に注目すべきだと主張する。女性たちの主張がどう継承され、展開されたのかを確認することで、女性解放への取り組みがいかに長い道を歩んでいるかを明確にできるだろう。

　そこで本稿では、リブの登場を「ターニングポイント」として位置づけ、「前史」にあたる既存の婦人運動にどう影響を及ぼしたのか、を問いとする。リブの登場が既存の婦人運動の終焉ではないならば、リブの登場は既存の婦人運動にとってどのような意味を持ったのか、その役割を提示したい。そうすることで、上記のような段階論的な構図ではない、女性運動の継続性や多様性を示すことができるだろう。

----

[5]──Taylor は、アメリカの女性運動研究は、1900 年代から 1920 年代まで、1960 年代以降の女性運動という二つのピークにのみ焦点を当ててきたと指摘する。彼女は運動の「abeyance」に注目し、運動が活発でなかったとされる 1945 年から 60 年代までの女性運動を分析し、この時期の運動こそが、二つのピーク（1900 年代から 1920 年代と、1960 年代以降）を繋ぐネットワークや集合的アイデンティティ等の形成する役割を果たしたと結論付けた。

[6]──そもそも「初期リブ」に焦点が当てられるようになったのは、日本においてリブの評価が、当時マスコミが揶揄したようなイメージのままであり、彼女たちが何を主張したのかという理解が十分になされてこなかったという背景がある。それゆえ「過去の運動を正確に次世代に継承する」（江原 1985: 101）ためにも、またリブの主張に対する理解を深めるためにも、改めて初期リブに焦点を当てるというのは必要な作業であった。

2. 分析方法／対象

2.1 ミニコミの分析

本稿は、分析対象として女性運動団体が発行した団体誌（＝以降、ミニコミとする）を選択する。女性団体の発行したミニコミは、「東京都ウィメンズプラザ」や、WEBサイトの「WAN (women's action network) ミニコミ電子図書館」、「国立女性教育会館リポジトリ」等に集録・公開されており、広く一般にもアクセスしやすい史料になっている。

ミニコミとは、オルタナティブ・メディアといわれるものの一種で、「個人やグループが、発行する小さな出版物」（丸山 1985: 10）である。「マスコミ」に対して「Mini Communication Media という和製英語の略」語（南陀楼 1999: 10）ともいわれている。ミニコミの特徴の一つとして、「少数者（マイノリティー）の立場からの言論・表現活動を重視する……異常性の追求ではなく日常の暮らしの中から、社会的課題に取り組むメディア」（丸山 1997 : 91–92）であることが上げられる。

とりわけリブが登場した1970年には、「インターネットなどが存在しない時代にあって、直接的な接触以外に重要な伝達手段となったのは、各グループが発行するミニコミやビラの類だった」（荻野 2014: 106）。また、ピープマイヤーが述べるように、ただ情報を知る・伝える媒体としての役割だけでなく、ミニコミとは語りの場であり「女性たちが団結する助けとなった」（ピープマイヤー2009 [2011]: 78）[7]。それゆえミニコミは、当時起きた出来事を知るだけのものではなく、当時の女性たちの主張や考え方に触れることができる史料なのである。

2.2 テキストマイニングという手法

本稿では、ミニコミというテキストを分析するにあたり、内容分析と併せてテキストマイニングを行う。ミニコミの記事のタイトルのテキストマイニ

7――清原悠（2014）もまた、ミニコミへ寄せた会員の投稿を分析しているが、そうした語りの場が「個々人を育てる培養基」（清原 2014: 110）として機能したと結論付ける。

ングから、彼女たちの当時の関心がどこにあったのか、その推移を明らかに
する。

　テキストマイニングは、大量のテキストデータから知見を得る手法[8] であ
り、その利点の一つとして、「巨大な自然文コーパス（corpus. 資料体）から……
特徴的な部分や側面を発見したりする」（左古ほか 2016: 66）といった点が上げ
られる。また、この手法によって得られるのは、「収集したテキストに共通す
る話題（テーマ）であったり、テキストを書いた人の癖であったりとさまざま
である」（石田 2008: 1）。

　この手法を用いることで、当事者らの記憶にある当時の様子とは異なる運
動の姿が見えてくるのではなかろうか。というのも、筆者がミニコミを分析
対象とした理由の一つでもあるのだが、上述した「断絶説」は、研究者もそ
うだが運動当事者らによっても強く支持されており、このことが「断絶説」
をより強固にしている。それゆえ当事者らの見立てとは異なるところに、つ
まりミニコミ内の議論に焦点を当てて分析を試みたい。当然ながら、本稿は
そうした当事者の声を否定しようとするものではない。むしろ複数の水準か
ら運動を捉えることで、リブの「ターニングポイント」としての役割も見え
てくるだろう。

2.3　対象のグループ

　本稿は既存の婦人運動がリブの登場をどう受け取っていたのかを明らかに
するものである。そして既存の婦人運動グループとして、本稿では「日本
婦人問題懇話会」（以下、懇話会とする）を対象とする。懇話会は、1961 年 9 月、
「六〇年安保後の混迷の中、幅ひろく婦人問題を論ずる場が必要と考えて、山
川菊栄を中心として」発足したグループである（日本婦人問題懇話会会報アンソロ
ジー編集委員会 2000: 2）。本稿が当グループに注目するのは、1960 年代から 2000
年代までと長く活動をしており、かつ 70 年代初頭にはミニコミ内でリブに
言及している等、本稿の目的であるリブとの関係を考察するのに適している
と考えるからだ。そして対象とするミニコミは、懇話会が定期的に発行して

8──今回使用したツールは、IBM/SPSS 社製ソフト Text Analytics 4.0.1 である。

いた『日本婦人問題懇話会会報』である。この会報について懇話会は、「女性問題を調査・分析し、問題提起をしてきた研究誌で、発足当時からイデオロギーや立場にとらわれず女性問題を自由に論じられる」場であったと位置づけており（日本婦人問題懇話会会報アンソロジー編集委員会 2000: 2）、彼女たちの当時の考えを知るのに適した史料といえるだろう。

　一方リブについては、1つのグループを対象とするのではなく、「資料日本ウーマン・リブ史Ⅰ・Ⅱ（以下、資料リブ史とする）」を分析対象とする。資料集にはそれぞれ36グループ（Ⅰ巻，1969年～1972年分）、86グループ（Ⅱ，1972年～1975年分）のミニコミが収録されている。

　資料集作成が「当事者による選択的な歴史の再構成の産物であり、決して『客観的』でも『中立的』でもない」（上野 2006: 150）と指摘されるように、当資料集も編者による偏りはあるだろう。しかしながら 100 近いグループのミニコミを集約している当資料集以上に網羅的にリブの主張を確認できるものはない。さらにいえば、リブとは1970年代当時に活動していた女性グループや個人の総称である。そのため1つのグループを取り上げるよりも後に当事者らによって「当時のリブの主張」として編纂されたものを対象とする方が、懇話会とリブとの比較をするには適している。対象について上記の説明に少し補足を加えたものが次の表である。

表1　分析対象（懇話会とリブ）

	懇話会	リブ
メンバー	戦前から活動していた女性を中心に創立。	各地で小さなグループが起こる。10代～20代の女性が多数。学生だけでなく、家庭人、労働者、男性（マンリブ）も。
活動時期	設立準備委員の発足が1961年。2001年に閉会する。	人・グループによって様々であるが、多くが1969年頃から1970年代を中心に活動。人によっては複数のグループに所属していることも。
分析対象の資料	『日本婦人問題懇話会会報』1965年創刊～2002年最終号。年1～2回発行。A5、70ページ前後の冊子。	『資料日本ウーマン・リブ史』集録時期・グループ数Ⅰ（1969年～1972年・36グループ）Ⅱ（1972年～1975年・85グループ）

　これらの資料体から、まずリブの主張・既存の婦人運動に対する批判につ

いて簡単に確認しておく（3節）。そのうえで、上記資料のテキストマイニングを行い、数量的な面からリブと懇話会の比較を行う（4節）。そして懇話会の議論の内容について詳しく掘り下げていき（5節）、最後に懇話会にとってリブがどのような役割を持っていたかを考察する（6節）。

3. 1970年代ウーマン・リブの台頭

3.1 既存の婦人運動への批判—求められる女性解放

　本節ではリブが既存の婦人運動に対して「新しい」と位置付けられる所以を確認しておく。なお、今回資料リブ史からの引用の際は「ミニコミを発行したグループ名／個人名、発行年、集録巻数、該当ページ」と記した。

　リブとは、1970年当時の形式的には男女平等な社会と「生活の実質とがいかにかけ離れているか」に気が付いた女性らが、職場や大学等で「女の問題や女性史を勉強する集まり」を持ち始めたところから出発する（秋山 1993: 31）。こうした動きの中で、既存の婦人運動に対して次のような批判がなされた。

　　（戦後になると）法の上での男女平等を、当然の権利として実質化しなければならないという運動がおきてきた。……（しかし）何故、保育が必要となり、男女差別教育があり、低賃金であるのか等の追及がなされない……男に対しても、"理解"という保護を得ようということにしかなりえてない。　　　（「メトロパリチェン」1971，資料Ⅰ，153　（　）内は筆者による）

　このように、既存の婦人運動のあり方は男性に女性を理解してもらう、保護してもらうという域を超えず、その根本にある差別の姿に目が向いていない、ということが指摘されている。そのため、まず女性解放とは何かを考え直さなければならないとの主張がなされるようになった。例えば「侵略＝差別と斗うアジア婦人会議」の飯島愛子は、既存の婦人運動が要求してきたような女性の職場進出は、女性解放ではないと主張する。

　　戦後婦人運動は……家・男との関係は基本的に解決されたとしながら、

他方では女性解放の視点から「職場進出論」、「女も働くべき論」を主張
しつづけてきた。その場合の女性解放は何からの解放なのか不明確なま
まだった。
（「飯島愛子」1972, 資料Ⅱ, 220）

　女性も働くべきだと主張するだけでは、女性を抑圧するものの正体は分か
らない。だからこそ飯島は、女性が何から解放されることが必要なのかを明
らかにすべきだと主張している。女性の職場進出や労働参加＝女性解放とす
る考えを、リブは「男並み」を目指していると表現し、批判している[9]。この
「男並み」とは、女性も男性と同じにすれば平等に扱うという、「男＝人間、男
＝社会」（「旧女性解放連絡会」1970, 資料Ⅰ, 211）とする社会のあり方を指し、こ
れをリブは「男の論理」と呼んだ。
　このような男の論理に基づく社会においては、女性が「社会で働くことは
臨時的で、補助的でしかなく……男と対等に働こうとすると、女"性"とし
て疎外されてしまう」（「東大Ｃ四五ＳⅠ二一有志」1970, 資料Ⅰ, 103）。つまり、社
会のあり方が変わらなければ、女性がいくら働こうと女性解放にはつながら
ないというのだ。このようにリブは、社会における男性と女性との関係を
捉えなおすことで、女性が置かれている状況、女性の生き難さの原因を社会
に見出したのである。男の論理を受け入れたままの既存の婦人運動の進め方
では女性解放には至らない、重要なのは「女が女として生きられる社会を追
求」すること（「メトロパリチェン」1971, 資料Ⅰ, 153）というのがリブからの批判
であった。

3.2　リブの主張した「女性解放」

　では男の論理から脱した女性解放とはどのようなものだったのか。リブの
主張はこうだ。「男によって作られた既成の枠の中で、劣等な女を平等にむか

9──「女は貝か、壁の花になるか、又は男のコトバで語り、男並みにガンバルことで男＝闘
　　いの通行キップを手に入れるか、の二者択一を迫られる者として存在し、存在させられ
　　た」（「ぐるーぷ闘うおんな」1970, 資料Ⅰ, 230）という指摘の通り、「女性」として同
　　等という考え方は無かったのである。

えいれてもらう（のではなく）……対等な女として新しい社会を築こう」（「ラディ
カルリブグループ」1970, 資料Ⅰ, 112 （ ）内は筆者による）。つまり、「男性」を一人
前の基準とした社会では女性はどうしても「男性ではない性」となり、その
基準を満たせず「一人前」にはなれない。リブは、そもそも「女として生き
ること＝人間として生きること」（「田中美津」1970, 資料Ⅰ, 205）なのだと主張
し、社会全体がそうした思考の転換をしていくことが必須であると訴える。

　また、リブは「女」という存在を重視する。「母親」「妻」といった男性社
会における女性の役割に依拠して発言するのではなく、リブは"ここにい
る女"からの出発を訴える。「その女たちとは、あなたであり、あたしであ
り、どこにでもいるあたりまえの女たち」[10]（「5月リブ大会世話人一同」1972, 資料
Ⅰ, 335）である。社会的役割に依拠するのではなく、「あたし」「あなた」とい
う個人、主体から出発する女性解放の視点は、いわゆる社会一般がいう「男
女差別」や「女性の幸せ」といったものへの批判につながった。

　例えば、1972年に結成された「赤い六月」は結成当初に、「わたしたちは、
身のまわりのことから、ひとつひとつにかくされた女たちへの差別を明らか
にし、自覚していくなかで、ほんとうの敵は何なのか、誰なのかを告発して
ゆきます」（「赤い六月」1972, 資料Ⅱ, 50）と宣言している。また、1971年に長
野で開催された「リブ合宿」では、「やりたいことをやろう」というスローガ
ンのもとに集った女性たちが一日をかけて「自己紹介をしながら、その人の
ぶつかっている問題が語られ」た（「リブFUKUOKA」1971, 資料Ⅰ, 280）。こうし
てリブは「普通は」「一般的には」といって封じ込められてきた自分たちの感
覚を言葉にしていくようになる。こうした言語化の過程を通じて「コンシャ
スネスレイジング」と呼ばれる手法へとつながっていくのである。

　以上のような既存の婦人運動に対する批判と、女性解放に対する思考の転
換が、リブが新しい運動といわれる所以である。そしてその新しさは既存の
婦人運動側に対しても衝撃を与えたようだ。例えばもろさわようこは1971年
の時点で、戦前と戦後の女性の状況を比較し、既存の婦人運動の停滞とリブ

10——リブは「女」と書いて「わたし」とルビを振るといった独自の言葉づかいをしており、
　　主体の視点を重視した運動であった。

の存在を次のように記している。

> 雇用労働者の三分の一以上を女が占め……女達の生活状況は戦前と大きくかわっている。しかし、そのことによって女たちに解放はもたらされず、……これらのことに対し、婦人運動が有効に働き得ず、その低迷がいわれていたとき……（リブは）戦後婦人運動にそれなりに参加、婦人問題に接近してきた女たちに、すくなからず衝撃を与えたことはいなめない。
> 　　　　　　　　　　　　　（もろさわ 1971: 16 　（　）内は筆者による）

運動の「低迷」というもろさわの所感から考えるに、男の論理を前提とした運動には限界がきていたと推察できる。そうした状況にあって、リブの新しさは既存の婦人運動の「ターニングポイント」になりえたのだろうか。続く4節、5節では、リブと懇話会の比較や、懇話会の議論の分析から、懇話会の側から見たリブの登場について考えていく。

4. タイトルにみるリブと懇話会の問題関心

本節では、資料リブ史と懇話会会報のテキストマイニングを行い、記事のタイトルに使用された語の比較・検討を行う。抽出した語句[11]は基本的に名詞と動詞のうち、頻出率の高い上位15個である。なお、以下ではそれぞれ「リブのタイトル」「懇話会のタイトル」と省略して記す。表2はリブのタイトル、表3は懇話会のタイトルのマイニングした結果の表である。懇話会については、60年代から70年代にかけての変化をみるために、60年代、70年代前半、後半に分けてマイニングを行った。

まずリブのタイトルを見てみると、「女」や「私」等、前節で述べたようなリブの特徴を表す語の使用率が高い。また1972年に優生保護法改正案が提

11──一つのタイトルにつき、2回同じ語が使用されていてもカウントとしては1回とし、ひらがな・カタカナ・漢字・略語は区別せずに同じ語としてカウントしている。そのほか、「子・子ども」「母・母親」等も同じ語としてカウントしている。

表2　リブのタイトル頻出語句上位15位（1969〜1975年）

	語	出現率/%	出現数/回
	『リブ史Ⅰ・Ⅱ』1969〜1975年（487タイトル）		
1	女	16.4	80
2	リブ	9.4	46
3	女性	6.0	29
4	解放	5.5	27
5	子ども	4.5	22
6	私	4.5	22
7	差別	4.3	21
8	中絶	4.1	20
9	改悪	3.1	15
10	アピール	3.1	15
11	優生保護法	2.9	14
12	闘い	2.9	14
13	男	2.7	13
14	生きる	2.3	11
15	性	2.1	10

　出されたことを受け、改正に反対する運動が日本で起きており、リブのタイトルに「中絶」「優生保護法」「改悪」といった語も高い割合で使用されている。

　また、次の図2は、「女」という語と共起する語のネットワーク図である（共起率が高い方が線が太くなっている）。これを見ると、いかにリブが、女性の性を考えていたのかがわかるだろう。優生保護法改正という背景もあっただろうが、女性が子どもを産む性であること、また産むことと一緒に男性の存在も共に取り上げていることがうかがえる。また、最も共起した語が「生きる」であったことを踏まえると、1970年代前半、リブは「女」の「生」と「性」にとりわけ目を向けていたといえるだろう。

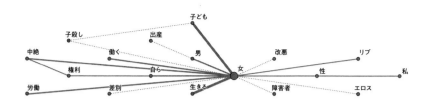

図2 「女」と共起する語のネットワーク

それでは懇話会はどうか。懇話会のタイトル（表3）を見ると、リブのタイトルとは様相が異なっている。例えば懇話会の方は、60年代後半から一貫して「労働」「家庭」「教育」に関連する語の使用率が高く、また同義の語が散見される（労働・職業・働く等）。

表3 懇話会タイトルの頻出語句上位15位（1960年代〜1970年代）

	1965年〜1969年 (124タイトル)			1970年〜1974年 (115タイトル)			1975年〜1979年 (132タイトル)		
	語	出現率/%	出現数/回	語	出現率/%	出現数/回	語	出現率/%	出現数/回
1	婦人	26.6	33	婦人	21.1	19	婦人	13.6	18
2	職業	14.5	18	女性	15.6	14	男女	12.1	16
3	教育	10.5	13	母性	13.3	12	平等	11.4	15
4	家庭	10.5	13	保護	13.3	12	女性	10.6	14
5	労働	8.1	10	解放	10.0	9	労働	8.3	11
6	主婦	7.3	9	賃金	8.9	8	保育	6.8	9
7	保障	6.5	8	教育	7.8	7	社会保障	6.1	8
8	結婚	6.5	8	差別	7.8	7	家事	5.3	7
9	女子	6.5	8	家庭	7.8	7	女	3.8	5
10	高度産業社会	5.6	7	沖縄	6.7	6	役割	3.0	4
11	農村	4.8	6	平等	6.7	6	雇用	3.0	4
12	働く	4.8	6	消費	5.6	5	教科書	3.0	4
13	家族	4	5	男女	5.6	5	家庭	3.0	4
14	賃金	3.2	4	労働	5.6	5	解放	3.0	4
15	現代	3.2	4	女子	5.6	5	子ども	2.3	3

また「女性」の表記についても、リブが「女」を使用していたのに対し、一貫して「婦人」を使用している。1970年ごろから「『婦人』の自称は、急速

に『おんな（女）』に代わって」いった（鹿野 2004: 71）といわれているが、懇話会では「女性」という語へと移行している。そこには当時「女」という表現が性的な意味を含意する蔑称として使用されていたことも理由として考えられるだろう。

　使用されていた語を見る限り、"懇話会が1970年を境にリブとして活動し始めた"といった方向転換はなさそうだ。しかし一方で、リブのタイトルにも頻出する「解放」や「差別」といった語が、懇話会のタイトルでも頻出し

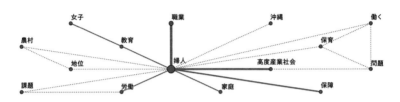

図3　「婦人」と共起する語のネットワーク（60年代後半）

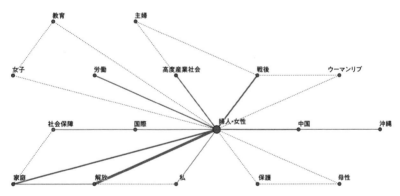

図4　「婦人」or「女性」と共起する語のネットワーク（70年代前半）

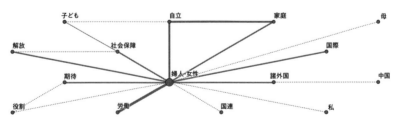

図5　「婦人」or「女性」と共起する語のネットワーク（70年代後半）

ている。加えて 70 年代前半には、リブのように「中絶」等の直接的な言葉の使用はみられないものの、優生保護法改正案を受けて「母性」「保護」の語の使用率が高くなっており、件の法改正への高い関心が表れている。さらに 70 年代後半には、「女」や「役割」といった語も登場している等、懇話会は、緩やかではあるが確実にリブからの影響を受けていたのである。

　では次に、共起する語はどうだろうか。次の図 3 は 60 年代後半の「婦人」の語と、図 4・5 は 70 年代前半・後半の「婦人・女性」と共起する語のネットワーク図である（懇話会の場合には「婦人」から「女性」へと使用する語も変化していたため、「婦人」もしくは「女性」の語と共起する語を抽出した）。

　60 年代後半では「職業」の共起の線がかなり太い（これには有職女性を「職業婦人」と呼んでいた時代背景の影響もあるだろう）。70 年代前半には「解放」、70 年代後半は「労働」との線が太くなっている。ここで注目したいのは、70 年代前半、後半とで「解放」という語と共起している点だ。特に、70 年代前半は共起の線がかなり太く、さらに「解放」は「私」とも共起し、三角形を示している。70 年代後半にも、細いが「私」との共起が確認できる。この「解放」「私」との共起は、リブが女性解放を「私」の視点から考えると主張していた点に通ずるものがある。懇話会がリブに対してどのような立場をとっていたかについては、ここではまだ明確なことはいえない。しかし懇話会のなかで「女性（婦人）解放」が一つ重要なテーマとして上がった時期であることはわかる。

　そこで 5 節、6 節にて、「女性解放」について懇話会のなかでどのように議論されてきたのか、60 年代から 70 年代にかけてその議論の中身をたどることで、リブからどのような影響を受けたのかについて考察する。

5. 1960年代から70年代の「女性解放」の変遷

　本節では、『婦人問題懇話会会報』の分析を通して、1960 年後半から 1970 年代末にかけて懇話会のなかで「女性解放」についての議論がどのように変化していくのかをたどっていく。なお、資料の引用については、（著者、号数：

ページ）で記しており、表4, 5, 6はそれぞれ各号の特集テーマをまとめたものである。

5.1 抽象的な「女性解放」──1965-1969年（1-11号）

まず、会報が創刊された1965年から1969年までの時期に、「婦人問題」を彼女たちがどのように捉え、どのような活動が必要だと考えていたのかを整理しよう。頻出語句とも重なるが、60年代後半の特集テーマをみても「労働」と「家庭」とが大きな関心ごととして表われている。

表4　創刊号（1965年）から11号（1969年）の特集テーマ

号（発行年）	特集名	号（発行年）	特集名
1（1965）	母の賃労働とパートタイム	7（1968）	ひとり残らず有能な職業人へ
2（1966）	結婚・家族について	8（1968）	女子教育について
3（1966）	働く婦人と保育の問題	9（1968）	誰のための家庭
4（1967）	女子の職業継続か中断か	10（1969）	婦人と社会保障
5（1967）	現代日本の家庭	11（1969）	高度産業社会と婦人
6（1967）	婦人の「適職」について		

彼女たちが女性の解放をどう捉えていたか、という点を考察するうえでも「労働」「家庭」という視点は切り離せない。例えば1968年7号のなかでは、「婦人解放論として……もっとも一般的なのは、婦人も男子と同じに家庭の外へ出て労働し、経済的に自立するところにその第一歩がある」（山崎朋子、7号：60）と述べられている。

しかし注意すべきは「解放＝経済的自立ではない」という点だ。懇話会のなかでは、単に女性が労働者となり経済的に自立すれば解放が達成されるとは考えられていなかった。解放は、"労働を通じて達成されるもの"と主張されている。この点について田中寿美子は次のように記している。経済的独立は「婦人解放論の古典的な命題」であり、「やはり婦人は自分自身の解放、人間性獲得のために、主体性の確立のために働くもの」だ（田中寿美子、3号：10-11）。このように経済的な自立は、解放の最終的な目標なのではなく、解放のための手段の一つとして考えられていたのである。

それでは経済的自立からどのような解放へとつながっていくのか。次の引用は、会の趣意書に記述された「未解決の問題」である。

　　（未解決の問題は）追い出し離婚……同一労働差別賃金……長時間の労働とそれが婦人や子供の心身、家庭生活に与える影響、そのさけがたい結果でもある売春制度の問題、社会保障制度の不備と生活難の問題。

（趣意書、3号掲載分　（　）内は筆者による）

　ここにある問題は、現在もまだ残る問題だが、女性が被る不利益、女性問題全般を指している。そして趣意書にはさらに、こうした問題が生じる原因は「男女の人としての平等の権利が規定されていても、……現実の社会では……職業や地位が女子に対してとざされ」（趣意書、3号掲載分）ているところにあると指摘している。男性と同じように経済的な自立を目指すのは、上記の「未解決の問題」を解決するための手段として考えられていたからであり、言い換えれば経済的自立により上記の問題は解決されると考えられていた。
　ここで一つ注釈をつけるとするならば、男性と同様に経済的自立を、という主張がなされていたが、それは「男性になることを目指す」という意味ではなされていない。田中は、「母性を放棄したら女性が解放されるという考えには反対である」（田中寿美子、7号：12）と明言しており、ここには女性が女性として解放されるべきだという田中の主張が込められていたといえるだろう。
　またこの当時、労働と同じくテーマとして多く取り上げられていたのが「家庭」である。この当時「家庭」に関連した議論が多く見られたのには、共働きの増加が要因として推察される。例えば、60年代後半になると女性労働者が「有夫者」[12] であるケースが増加し、「もはや女子労働が嫁入り前の腰掛けてきな時代をすぎ」（山川菊栄、1号：2）、「家庭責任を持つ婦人の職場進出が目に見えて増加し」た（駒野陽子、1号：21）と指摘されている。
　それではどのような議論がなされているかというと、端的にいえばワークラ

12──「一九五三年には女子雇用者総数四〇八万に対し有夫者は八・二％にすぎなかったのが六四年には三二・九％」に増加している（山川菊栄、1号：2）。

イフバランスである。彼女たちは、家事を女性のみが担っていることへの疑問、また家庭を切り捨てる形で働くことに対する疑問をぶつけており「出産はともかくとして、家事だって育児だって、男女が平等に責任を負うか、社会で共同で行ったっていい」（駒野陽子、3号：35）と、男性の家事責任や共同保育等の視点も登場している。このように、「家庭」をテーマとした議論のなかでも「労働」については触れざるを得ない状況にあったのが 60 年代後半であった。

　以上 60 年代後半の議論をまとめると、懇話会のなかでは「女性解放」の議論を「経済的自立」や「労働」と深く結びつけて捉えていた。そしてそれは存在する諸問題の解決のための手段になるものとして考えられていた。しかしながら、そこに出てきた諸問題はいわゆる「女性全体の問題」という大きな枠組みで語られていたことは否めない。リブが批判したように、経済的自立だけでは解決しえない問題というものには触れられていない。しかしながら、男性の家事責任への言及や、母性の切り捨てには反対する等、リブが批判したような「男性並みを目指す女性たちの運動」とはいえない面も持ち合わせていたのが 60 年代後半の懇話会であった。

5.2 問い直される「女性解放」―1970-1974年（12-21号）

　前節でみたように、70 年代前半になると、「解放」がテーマとして上げられるようになっていった。60 年代後半では、解放とは経済的自立を達成された後の状態を指す語として用いられていたが、70 年代前半には、解放とは何かが議題として上がるようになってきたのである。

表5　12号（1970年）から21号（1974年）の特集テーマ

号（発行年）	特集名	号（発行年）	特集名
12（1970）	女子の雇用構造の変化	17（1972）	保護と平等
13（1970）	高度産業社会と消費	18（1973）	婦人解放と家庭
14（1971）	現代の婦人解放	19（1973）	家庭科教育と家庭責任
15（1971）	母性とは何か	20（1974）	東と西の女性解放
16（1972）	沖縄の婦人問題	21（1974）	男女の賃金格差

特に 1971 年発行の 14 号では会員に対してアンケートを行っているが、その前文には、リブが「新しい婦人運動として注目され……この運動をどう評価するかはさておき……これを機会に『婦人解放とは何か』を再検討してみる必要があるのでは」（婦人問題懇話会、14 号：44）と記されている。ここにはリブに対して全面的に共感しているというよりも、むしろ少し様子を見ているように映る。しかし婦人解放に関しての再検討を呼び掛けているところから、彼女たちがリブを完全に拒絶してはいないこともわかるだろう。

　そしてこの 14 号で行われたアンケートで問われたのが、①自分にとって婦人解放とは何か、②ウーマン・リブについて、③婦人問題に関心を持った動機、④「女であること」を強く意識させられるときは、の 4 つの項目（回答は自由記述）である。なお、②については 6 節にて改めて取り上げるためここでは触れていない。

　ここで、①の質問項目が「婦人解放とは何か」ではなく、「自分にとって婦人解放とは何か」となっていることに注目したい。というのもこれは明らかに、「婦人労働者」や「母親」としてという役割から出発しているのではなく、会員それぞれの視点から解放を問うているからだ。さらに③、④の項目についても、個々の経験から語られる内容であり、同様の特徴があるといえるだろう。これはリブが重視した"個人の意識改革"という運動論とも一致する。またこれらの項目に対する回答も、「『婦人解放』とは、女が自由になることです。自由とは、自分の行動を自分の意志で決定できる状態」（梶谷典子、14 号：47）、「母だから……女だから……という差別のない社会」（山口民子、14 号：56［傍点は原文のまま］）等、「女性」という性のため受ける制約や抑圧からの解放として記述されている。60 年代後半に見られた経済的自立と結び付けられていた女性解放とは異なる様相を見せている。

　さらに他の号に目を移すと、経済的自立に対する考え方にも変化が見える。60 年代には解放への手段と考えられていた「社会的進出、経済的自立は、……それだけで、女性解放とは直接には結びつかない」（水野作子 18 号：22）として、その結びつきに対する疑問の声まで上がっている。こうした疑問の声は一つではなく、むしろ経済的自立を促すことが女性への負担になっているのではという下記のような指摘もある。

婦人労働者が増加することが婦人の地位を高めることとストレートに
　結びつかず、かえって、差別を助長し、婦人に一そう（ママ）きびしい重
　荷を負わせる側面があることも見落してはならない。(駒野陽子、12号：20)

　このように懇話会にとって70年代前半は、リブの登場により、女性全体の
問題としての「解放」ではなく、個々の「解放」を問い直した時期であった。
　しかしながら、多様な「女性解放」の姿が語られるようになり、経済的自
立に対する考え方に変化が見られながらも、それでも懇話会のなかで労働や
経済的自立が重要なテーマであり続けていたのも確かである。上記14号のア
ンケートでも、婦人の解放とは「経済的にも、精神的にも自立できること」
(藤井治枝、14号：50)、「母性が保護され、家事育児が義務ではなく、女性の教
育、能力、好みにしたがって、男女同一機会のもとに、男女同一賃金で、仕
事に従事できること」(菊地千鶴子、14号：53) といった回答がある。だがこのこ
とは、懇話会の会員の多くが30代以上の就労者であったことを踏まえれば、
彼女たち自身の経験に基づいた女性解放が労働に関連した話になるのは当然
のことである。例えば、育児のために辞職したという会員は、国が育児休暇
の保証をすることを主張し、さらに「再就職、再教育の便宜をはかる機関を
設けることなどの運動をもっともっと強力にしなくては」と主張している (山
田民子、14号：57)。このように、60年代から70年代前半にかけて「労働」と
いうテーマに関しては、差別の実態や望ましい解放の姿というものがより具
体的に語られるようになったとみるべきだろう。
　1970年代前半の女性解放に関する議論は、個々の経験に即して考えられる
ようになり、彼女たちがどのような状況におかれてきたのかということも同
時に明らかになっていった。そして、そうした状況を変えるため、繰り返さ
ないために何が必要なのかといった具体的な方策が考えられるようになって
いくのである。

5.3 「女性解放」の進め方―1975-1980(24-30号)

　1975年は、日本の女性運動にとって一つの節目の年と考えられている。と
いうのも、国際婦人年を機に、女性の権利に関するような国主催のイベント

が実施されたり、そうした国の動向を受けて新たに女性運動グループが結成されたりと、追い風として捉えられることもあれば、一方で最初に触れた通り、リブの衰退の始まりの年としても位置づけられる。リブの活動家として知られる田中美津は、1975年以降は「権利の獲得、法の改正というふうなところに照準が絞られ……国際婦人年以降は、従来の権利獲得運動の流れに返っていった」（田中 2005: 46）と振り返り、リブが重視した意識変革の視点が薄まってしまったと捉えている。

表6 22号（1975年）から31号（1979年）の特集テーマ

号（発行年）	特集名	号（発行年）	特集名
22（1975）	保育問題をめぐって	27（1977）	女性解放と社会保障
23（1975）	男女の平等について	28（1978）	家事労働の評価について
24（1976）	現代の婦人運動論	29（1978）	国連婦人の十年に向けて
25（1976）	性別役割分業思想をめぐって	30（1979）	女の自立と子の人権
26（1977）	雇用における男女平等	31（1979）	女性の自立と家庭

　表3や、表6を見ると70年代後半は「男女」「平等」といった語の使用が増えていることがわかる。加えて「役割」といった語が登場するようになっており、70年代後半の大きなテーマとして「男女平等」と「性別役割分業」があったとみえる。これは国際婦人年の「スローガンとして"平等"が大きくうたわれたこと」（島田とみ子、23号：24）の影響が大きい。

　　　メキシコ宣言と世界行動計画は、女性解放に不可欠の条件として、『性別役割分業の現状とその意識』の変革をかかげた。……この旗印をどう具体的行動に展開していくかが、これからの女性解放運動の重要な課題である。

（駒野陽子、25号：15）

　国際婦人年で採択された「メキシコ宣言」と「世界行動計画」が彼女たちの運動を後押ししたと位置づけるのは問題ないだろう。しかし70年代後半以降の「男女平等」という言葉は、必ずしも男性並みを目指していた以前の「男女同権」と同様の意味ではないことを強調したい。

会員の吉武輝子は「女の方から人間らしく働ける条件を整え、逆に男の働き方を新たなる条件に近づけさせる」ことが必要だと主張する（吉武輝子、23号：19）。つまり、女性が男性並みになるのではなく、現状の男性並みの働き方そのものを批判、改めるべきだというのだ。そしてこうした現状の働き方に対する疑念は「人間らしく生きたいという素朴な願望」（吉武輝子、23号：19）に基づいているという。吉武のこの主張は、リブの「男の論理」に対する批判であり、女性＝人間という思考の転換に通じているといえる。

　さらに吉武は「性別役割分業」についても、その弊害を次のように指摘している。それは「男女平等という名のもとに悪しきモーレツ型社員に女が組み込まれること、……女が自ら人間として働くことの権利を人間として生きることの権利を放棄すること」（吉武輝子、23号：21）。彼女の主張が、男性中心主義社会に対する批判であることは間違いない。

　さらに吉武のこの主張が労働に関する内容であるように、やはり変わらず労働は懇話会においては不変的なテーマであった。田辺久子は男女不平等について、「労働、教育、法律、制度」と多岐にわたるが、「家庭における不平等こそは、日常的で、身近かな問題」だと位置付け、それを断ち切るには「『女性が社会で働く必要がある』」と主張する（田辺久子、23号：72）。彼女は、女性が社会で働くことで家事等の家庭内の分担も進んでいくと続ける。つまり、女性は経済的に自立しようというだけではなく、男は外・女は家という根強い社会規範を変えていくためにも女性の社会進出が必要だと考えられていたのだ。

　最後に本節の議論をまとめると次の通りだ。懇話会は60年代から一貫して「労働」と「家庭」についての議論を中心に行ってきた。しかしそれは、すべての婦人問題を解決するための方策が「女性の経済的自立」だと考えられていた60年代から、職業人としての自分の経験を踏まえた問題へと議論は移行していく。そうした背景には、やはり1970年代前半に起こるリブの存在は無視できない。懇話会においては、リブの批判や主張に対し、それぞれが意見を交わし、そして自分たちの運動を見つめなおす契機としている。懇話会としては、自らをリブと位置付けてはいないものの、彼女たちとリブとの関係は決して「無」ではなかったのである。

6. リブへの共感と距離感

　5節では、懇話会がリブに影響を受けていたという点を強調して記述して
きた。だがそれは、懇話会がリブに共感し、リブに「なった」という結論に
はならない。本節では、懇話会がリブに対して一定の距離を置いてきたこと
を示し、さらにその距離の重要さを考察する。

　5節で見た14号のアンケートから、懇話会においてリブは登場した当初か
ら意識されていたといえるだろう。繰り返しになるが懇話会のなかでは、リ
ブの主張する「女性解放」や運動論だけでなく、既存の婦人運動に対する批
判も、概ね受け入れられていた。例えば菅谷は、「私たち戦前派が永い間余り
に習慣化されていたために気づかなかった多くの性差別をいぐり出して（マ
マ）くれた。それらの功績のなかでも性の問題はとくに大きい」（菅谷直子、25
号：66）と性を問題化した点を高く評価している。

　また、自身の置かれた状況から変えていこうとするリブの積極的な姿勢を
評価する声もある。

　　　明日の女性解放のために今日の女性が耐えるのではなく、只今現在「い
　　やなことはいやだ」と主張することによって、今日の女性自身の解放を
　　めざすこと……家庭人として職業人として、自己のおかれた場において、
　　いかに自己のアイデンティティを確立していくのか……リブの第一の出
　　発点はここにある。
　　　　　　　　　　　　　　　　　　　　　　　　　　　（辺輝子、14号：8）

　女性が解放される"未来"を目指す運動ではなく、"現在"の女性、自分自
身のために活動していこうというリブの姿勢を、辺は高く評価している。こ
のように懇話会の会員には、リブを肯定的に評価する者も少なくない。特に、
既存の婦人運動が取り上げてこなかった「新しい婦人解放の要求」や、「社会
主義的な婦人運動のまやかし」、つまり、「『女も労働者として、階級斗争に参
加することで、社会を変革し、婦人解放を達成できる』」というまやかしを告
発した点を高く評価している（駒野陽子、14号：30）。

　しかし、こうした肯定的な評価をする一方で、懇話会の会員がリブに対し

て一定の距離を感じていたことも確かである。例えば彼女たちはリブを、「今の若い人たちの運動」（梶谷典子、14号：47–48）と呼び、自身らを「リブの人たちの主張や行動をかなり評価し、理解しようと努めている者」（菅谷直子、18号：61）と表現している。彼女たちのこのような発言には、懇話会が自身らをリブのグループであるとは考えていなかった様子がうかがえる。彼女たちは、自身らとリブとは異なる運動であると考えていたのではないか。

　また当然かもしれないが、リブの主張に賛同する者ばかりではなかった。梶谷は、アメリカで起きたリブのニュースを見たときに感じた期待感とは裏腹に、日本でリブが起きたときに感じた違和感を次のように述べている。

　　（日本のリブによる）現状の告発には共感できても、それではどうしたいのかというところがどうもはっきりしない……理想の状態についてのある程度の青写真をつくり、効果的な戦術を考え、具体的な問題をひとつひとつ洗い上げて解決に持っていくことが必要なのではないでしょうか。

　　　　　　　　　　　　　　　（梶谷典子、14号：47–48　（　）内は筆者による）

　梶谷は、リブは職場や家庭といった日常的な場面に存在する性差別に対してどのような行動を起こすのかが不明瞭だ、と指摘している。こうした、リブの具体性のなさに対する批判については、江原が次のように説明している。「自分の体験を語り合い怒りや不満を確認しあうことは……自己変革を可能にする」が、「語り合いだけでは運動が空転してしまい方針も共同行動計画も決まらず、……消耗感ばかり堆積してしまう」ことにもなりかねない（江原1985：138–139）[13]。江原はこれを、「個人の変革」を重視したリブの方法論の限界だという。

　しかし、そのような限界があるからと言って、身近な問題から出発すると

---

[13]――1971年に行われたリブ合宿の参加者からも、合宿参加者の多くが「定職を持たぬ女」であり、「『ぐるーぷ闘うおんな』やリブ合宿で大勢をリードしたような女たちが語る『女の問題』は、すぐれて抽象的」だった（「リブFUKUOKA」1971（資料I）：281）というように、具体性のなさを指摘する声は少なくない。

いうリブの運動論が意味をなさなくなるわけではない。むしろ、梶谷のような批判的な視点を以てリブを捉えるからこそ、懇和会は彼女たちに合った女性解放運動の方向を見出したのではなかろうか。例えばリブの具体性のなさを指摘した梶谷は、自身らのことを「エリート女」と呼び、「エリート女」だからこそ出来る運動があるのだと主張する。

> （男社会に）入り込む程、男社会……女の置かれた状況も見えて来ます……いろいろな立場の女がいた方が女全体の視界が拡がる……"エリート女"の立場で、できることをすればいい。
>
> （梶谷典子、22号：56　（　）内は筆者による）

　このように、彼女たちはリブとの距離を詰めようとはしていない。彼女たちは彼女たちの運動をしていこうと考えていたのである。しかしこのことは、懇話会とリブとの対立や、リブへの無関心の表れではない。この距離は、懇話会がリブの運動論に共感し、それを用いて、彼女たち自身の問題に根差した「女性解放」を目指したからこそ起きた距離なのである。

　そしてこの距離は、懇話会がリブと同じ時代を並走した関係にあるということを示している。本稿の最初で述べた通り、私たちはつい、既存の婦人運動とリブの関係を段階論的に捉えてしまいがちである。気を付けなければならないのは、リブが登場したことによって既存の婦人運動が終焉を迎えたのではないという点だ。

　つまり古い運動から新しい運動へ移行するのではなく、リブというターニングポイントを経て、さらなる広がりを見せたということだ。60年代の婦人運動から70年代のリブへ、という見方ではなく、両者はお互いを意識しつつ批判しつつ、新たな運動の方向を見出していったのであり、これこそリブがターニングポイントとして果たした役割であった。1970年当時、懇話会が"リブのグループになった"ということはなかったが、しかし「ひとりひとりできるだけ自分に合った生き方を選んだ上で、できることをやってみる」（梶谷典子、22号：56）という、自らを起点とする運動というリブの運動論は受け取っていたのである。

7. 結語

　本稿ではリブという新しい女性解放運動の登場が、それ以前から活動していた既存の婦人運動に対してどのような働きをしたのかを明らかにした。テキストマイニングを行うことにより、懇話会の関心の変遷を示すこともできた。

　ここまで見てきたように、リブの主張や既存の婦人運動への批判は、懇話会に対して「女性解放とは何か」を問い直すことを促し、運動に新たな視点・方向性をもたらした。一方6節で説明したように、懇話会の会員たちはリブへの共感を示しながらも一定の距離を置いて活動を続けていった。彼女たちは、「日本婦人問題懇話会」というグループとして2000年代まで活動を続けていった。

　本稿ではターニングポイントとしてのリブの作用についてみてきた。ここで示した、リブとそうでない運動の"距離感"は、日本の女性運動グループが互いに影響しあいながら歩みを進めてきたということの証左である。日本の女性運動は決して閉鎖的でもなければ、途切れ途切れに存在していたのでもない。

　筆者は最初に、60年代から70年代後半までの段階論的な歴史観について言及したが、本稿で示してきたことを踏まえるならば、下記図6のような見方を提示できるだろう。

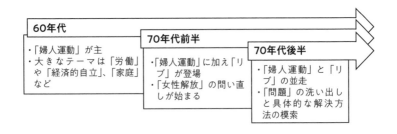

図6　多層的な女性運動史観

時代ごとに異なる特徴があることは変わらない。しかしそれは、一時的な

流行で終わるものではない。新しい視点が加わりながら運動が続いていった懇話会の例から、本稿では婦人運動からリブへという一本道ではない歴史観を示せた。時代が進み、フェミニズムやジェンダーといった概念が現れるが、それらもまた運動に新たな局面をもたらし、積み重ねられていくのである。

　本稿も一つの見方を提示したに過ぎない。女性解放のための抗議の歴史を無かったことにしないためにも、女性運動だけでなく、女性運動研究もまた様々な視点から積み重ねていくことが重要である。

[参考文献]

秋山洋子，1993，『リブ私史ノート』インパクト出版会.

江原由美子，1985，「リブ運動の軌跡」『女性解放という思想』勁草書房.

樋熊亜紀，2012，「『リブ神話』を超えて──現代日本女性解放運動史全体像構築の必要性」『ソシオロゴス』36: 99–110.

井上輝子，秋山洋子・池田祥子，1996，「座談会・東大闘争からリブ，そして女性学，フェミニズム」女たちの現在を問う会編『全共闘からリブへ──銃後史ノート戦後篇』8, 38–70.

石田基広，2008 [2013]，『R によるテキストマイニング入門』森北出版株式会社.

鹿野政直，2004，『現代日本女性史──フェミニズムを軸として』有斐閣.

清原悠，2014，「〈私的な公共圏〉における政治性のパラドックス──女性団体『草の実会』における書く実践を事例に」『ジェンダー研究』16: 79–114.

駒尺喜美，1976，「ウーマン・リブと私──戦後社会におけるリブの意味」『思想の科学』，第6次（61）：98–112.

丸山尚，1985，『「ミニコミ」同時代史』平凡社.

丸山尚，1997，『ローカル・ネットワークの時代──ミニコミと地域と市民運動』日外アソシエーツ.

溝口明代・佐伯洋子・三木草子編，1992，『資料　日本ウーマンリブ史 I』松香堂.

溝口明代・佐伯洋子・三木草子編，1994，『資料　日本ウーマンリブ史 II』松香堂.

もろさわようこ，1971，「戦後婦人運動の衝撃」『朝日ジャーナル』13（23）16–17.

南陀楼綾繁，1999，「われわれはなぜミニコミをつくるのか？」串間努編『ミニコミ魂』晶文社，10–23.

日本婦人問題懇話会会報アンソロジー編集委員会，2000，『社会変革をめざした女たち──日本婦人問題懇話会会報アンソロジー』ドメス出版.

荻野美穂，2014，『女のからだ──フェミニズム以後』岩波書店.

Piepmeier, A., 2009, *Girl Zines: Making Media Doing Feminism*, New York: New York University

Press.（＝野中モモ訳，2011，『ガール・ジン——「フェミニズムする」少女たちの参加型メディア』太田出版.

左古輝人・中川薫・須永将史・樋熊亜衣・藤井淳史，2016，「福祉サービス評価に用いられる語彙の分析試行——テキストマイニングの適用範囲の探索」『人文学報 社会学』51: 65–93.

田中美津，2005，『かけがえのない，大したことのない私』インパクト出版会.

上野千鶴子，2006，「戦後女性運動の地政学——「平和」と『女性』のあいだ」西川祐子編『戦後という地政学』137–182.

上野千鶴子，2009，「日本のリブ——その思想と背景付増補編解説記憶を手渡すために」『新編日本のフェミニズム 1 リブとフェミニズム』岩波書店，1–52.

Taylor, Verta, 1989, "Social Movement Continuity: The Women's Movement in Abeyance" *American Sociological Review*, 54(5): 761–775.

安全保障技術研究推進制度の助成を受けた研究者のネットワーク可視化

—— KAKEN データベースを
　　用いて——

鈴木 努
東北学院大学

1. 構造探索のツールとしての計量分析

　社会学における計量分析というと、統計的仮説検定がまず思い出されるかもしれない。例えば、標本において観察された教育年数と年収といった2つの変数の間の相関係数から母集団においてこれらの変数間に相関関係はないという帰無仮説が棄却できるかどうかを判断するような分析である。確かに、統計的有意性の分析は社会学でよく使われる計量分析法ではあるが、計量分析の効用はそれだけではない。平均や標準偏差のような記述統計の手法はデータを要約するのに日常的に使われているし、出生数や商品の販売数の推移など計量的観察が社会で実際に用いられることは多い。

　観察対象の要約や変化の把握以外にも、複数の変数における値の類似性から対象を分類するクラスター分析や、複数の変数間の相関行列からより少ない変数群へと情報を縮約する主成分分析のような方法は、私たちが対象データの構造を探索し把握するために役立っている。また近年では、インターネットや各種のデータベースから大量のテキストデータや人間関係データを利用することが可能になり、それらを計量的に分析する計量テキスト分析やネットワーク分析の利用も広がっている（樋口 2014; 鈴木 2017）。

　本章ではインターネット上で公開されている情報やデータを用いて、いくつかの科学技術に関する研究者のネットワークを描き出す。インターネット

から電子的な形式で情報が入手できるといっても、それらがすぐに分析できるような整ったデータになっているとは限らない。多くの場合、得られた情報を手動もしくは自動的な方法で分析に適したデータに整形する必要がある。対照的にデータベースやそのデータを利用するための API が公開されている場合は、特定の書式でデータが整理されており、決められた手順に従って目的のデータを得ることができる。

　雑多な情報をデータの形に整えたり、特定の形式のデータから情報を抽出したりする計量分析は多分に構成的なものである。そのままでは量が多かったり、複雑で錯綜した情報を一定の手続きで要約、縮約、単純化して人間が認識し解釈できるように提示する手法は、情報を取捨選択し、任意の形式に加工し、特定の要素を強調するという意味で分析者の選択や指向を反映するからである。このような計量分析は、異なる分析者でも一定の手順で分析を行えば同じ結果になるという意味で客観的なのであって、分析過程の諸選択によって結果は多様になりうる。そこには唯一正しい対象把握の仕方があるのでなく、対象の構造に迫るためのいくつかの別様の探索の仕方が可能で、それぞれ対象の構造のもつ異なる側面を可視化するのである。

　筆者はこれまで、「東京ゴミ戦争」に関する都知事の演説（鈴木 2005）や衆院選における三大紙の社説（鈴木 2006）を対象として、それらのテキストに生起する概念をネットワーク化し、そこでの諸概念の中心性得点にもとづいて概念とテキストを空間上に配置するという分析を行ったことがある。この方法で示される図は、対象のテキスト群に関して可能な様々な可視化の 1 つに過ぎないが、そこから対象に関する新たな洞察や解釈が導かれることによって研究上の有効性を発揮する。このように洞察に至る過程を他者と共有可能な一定の手続きにより示すことが、構造探索のツールとしての計量分析の意義なのである。

2. 科学研究と軍事研究

　本章では、2015 年に防衛装備庁が開始した競争的研究資金制度である安全保障技術研究推進制度を取り上げ、この制度に採択された研究者の共同研究

者ネットワークの類型化を試みる。安全保障技術研究推進制度（以下、推進制度）は「防衛分野での将来における研究開発に資することを期待し、先進的な民生技術についての基礎研究を公募するもの」[1]とされる。制度創設の背景として「近年の技術革新の急速な進展は、防衛技術と民生技術のボーダレス化をもたらしており、防衛技術にも応用可能な先進的な民生技術、いわゆるデュアル・ユース技術を積極的に活用することが重要」であるという認識が示されており、基礎研究支援といっても、将来的な防衛、民生両分野における応用可能性が重視されている。

　防衛装備庁がウェブサイトで公開している資料をもとに2015年度から2019年度までの応募状況を表1に、採択状況を表2にまとめた。2015年度にこの制度が始まると、大学の研究者を中心に科学研究が軍事研究に利用されるという危惧から批判の声が広がり、2016年度の応募件数は大幅減となった。これに対し2017年度から大規模研究課題の募集が始まり、予算規模も前年度の6億円から110億円と大幅に増額された（池内2017）。それ以降の傾向としては、応募、採択ともに大学に所属する研究代表者の比率は低下し、独立行政法人などの公的研究機関と企業の比率が増加している。

表1　年度ごとの応募件数と所属機関の内訳

年度	応募件数	研究代表者の所属機関		
		大学	公的研究機関	企業
2015	109	58	22	29
2016	44	23	11	10
2017	104	22	27	55
2018	73	12	12	49
2019	62	9	15	38
計	392	124	87	181

2019年度には2次募集を含む

1——防衛装備庁のウェブサイト（https://www.mod.go.jp/atla/funding.html）より。

表2　年度ごとの採択件数と所属機関の内訳

年度	採択件数	研究代表者の所属機関		
		大学	公的研究機関	企業
2015	9	4	3	2
2016	10	5	2	3
2017	14	0	6	8
2018	20	3	8	9
2019	21	3	7	11
計	74	15	26	33

2019年度には2次募集を含む

　大学に所属する研究者が防衛予算による研究助成に慎重であることの背景には、第二次大戦後の日本の科学界が、戦前の戦争協力への反省から一貫して軍事研究と距離をとってきたことがある。戦後設立された日本学術会議は1950年と1967年に戦争や軍事を目的とする研究を行わない声明を採択している（杉山2017）。推進制度導入後の2017年にも「軍事的安全保障研究に関する声明」[2]を採択し制度に批判的な姿勢を示している。

　しかし、日本の科学者たちが繰り返し軍事研究に与しないことを確認してきたということは、裏を返せば継続的に軍事研究に関与する働きかけや機会が存在してきたことを意味する。実際、原子力や宇宙開発において科学研究と軍事研究はどのように区別されるのか、防衛目的の研究も排除されるべきなのか、軍事予算や軍関係者が関与する研究は全て行うべきではないかといった議論が戦後も行われてきた（杉山2017）。近年では、無人機やAI、高性能なセンサーなど民生技術と軍事技術の区別がつきにくい軍民両用技術いわゆる「デュアルユース」[3]技術の研究が進んでおり、科学研究と軍事研究の線引きはさらに難しくなってきている。

　デュアルユースであることを理由にして研究者が防衛予算による研究に参加することに対して、批判的な見方は学術会議はじめ多くの科学者に共有さ

2———http://www.scj.go.jp/ja/info/kohyo/pdf/kohyo-23-s243.pdf
3———「デュアルユース」概念の含意や使われ方については川本（2017）や喜多（2017）が詳しい。

れていると考えられるが、特に積極的に批判論を展開している科学者に宇宙物理学者の池内了がいる（池内 2016, 2017, 2019; 池内・小寺 2016）。

　池内（2016）はどのような研究者が軍事研究に参加するのかを論じる中で、研究者が軍事研究に参加する理由として次の4つを挙げている。1つめは研究費の不足である。科学研究予算における「選択と集中」が進み、競争的資金の比率が上がる中で、研究費が不足した研究者が不本意ながら軍事研究に参加する場合であり、池内はこれを「研究者版経済的徴兵制」と呼んでいる。2つめは防衛目的あるいは民生技術への転用が見込まれるのであれば軍事研究ではないという立場である。攻撃的でない技術や民生転用が可能な技術の基礎研究であれば防衛予算による研究も行う研究者がこれにあたる。3つめは、「科学至上主義」で、多額の資金を集めて世界的な研究を行うエリート研究者がさらなる資金を求めて軍事研究に参加する場合がこれにあたる。4つめは愛国主義や国家の役に立つためという理由で、研究費獲得や研究の推進のためというよりはむしろ政治的な理由である。

　先に見た防衛装備庁の推進制度にどのような研究者が参加しているのかを考えるとき、研究費獲得と関係のない4つめの理由を除いて、残り3つの場合が研究者類型として考えられる。すなわち、研究費不足から推進制度を利用するタイプ、デュアルユース性の高い研究のために推進制度を利用するタイプ、他に多額の研究費を獲得しているがそれに加えて推進制度も利用するタイプである。ある研究者がどれくらいの研究費をもっているかを正確に把握することは本人や所属研究機関でなければ難しいが、多くの研究者が利用し、交付状況がデータベース化されている研究費がある。文部科学省およびその外郭団体である日本学術振興会が所管している科学研究費助成事業いわゆる科研費である。

　研究費が不足している研究者は科研費の採択件数が相対的に少なく、逆に研究費の潤沢な研究者は採択件数が相対的に多いと考えられる。科研費の採択は専門家によるピアレビューによって決まるので、科研費の採択は同分野の研究者からの評価も反映しているであろう。また、科研費の助成の対象はその性質上、軍事や防衛のような特定の目的に直接的に関わる研究よりも学術的な研究が多い。つまりデュアルユース性の高い研究テーマよりもデュア

ルユース性が相対的に低い学術研究が採択されていると考えられる。以下で
は科研費の情報を使って、防衛装備庁の推進制度で採択された研究者と同分
野の研究者のネットワークを可視化し、その類型化を試みる。

3. KAKENデータベースの利用

　科研費に関する情報は国立情報学研究所の提供しているKAKENデータベー
スを用いて検索することができる[4]。KAKENのウェブサイトから様々な項目の
検索が可能なだけでなく、ウェブAPIが公開されているので利用者登録をす
れば任意のソフトウェアを用いて検索結果を取得することができる。本章で
はKAKENウェブサイトのほか統計解析ソフトRを用いて情報の取得を行っ
た[5]。

　推進制度への応募については研究代表者の所属機関の種別ごとの件数の集
計が公開されているだけだが、採択された課題については研究代表者名とそ
の所属、研究課題名とその概要などが公開されている。ここではそのうち大
学と公的研究機関に所属する研究代表者について、科研費での研究状況を調
べることにする。2015年度から2019年度までの所属機関ごとの採択件数は表
3の通りである。このうちKAKENデータベースを用いて研究代表者のe-rad
研究者番号[6]が特定できたのは大学所属の研究者が12名（13件）、公的研究機
関所属の研究者が21名の計33名（34件）であった。ここでは、研究者番号を
もち科研費の助成を受けた研究に関わったことのある学術研究者としてこの
33名を取り上げることにより、学術研究者が推進制度とどのように関わって
いるのかを探索的に明らかにする。それゆえ企業に属する研究者や科研費に
関わっていない学術研究者については本研究では扱わない。

4──KAKEN：科学研究費助成事業データベース（国立情報学研究所）（https://kaken.nii.
　　ac.jp/）

5──RコードはHayashi（2011）を参考にAPIの仕様変更に合わせて修正したものを用いた。

6──府省共通研究開発管理システムで用いられる研究者固有の番号。所属機関や氏名に変
　　更があった場合でも番号は変わらず、同姓同名の研究者も番号によって区別すること
　　ができる。

表3 大学と公的研究機関の採択件数

大学	件数	公的研究機関	件数
大阪市立大学	2*	物質・材料研究機構	11
北海道大学	1	宇宙航空研究開発機構	7
筑波大学	1	海洋研究開発機構	2
東京工業大学	1	理化学研究所	2
東京農工大学	1	情報通信研究機構	1
岡山大学	1	レーザー技術総合研究所	1
山口大学	1	海上・港湾・航空技術研究所	1
大分大学	1	超電導センシング技術研究組合	1
豊橋技術科学大学	1		
東京理科大学	1		
東京電機大学	1		
桐蔭横浜大学	1		
神奈川工科大学	1		
山口東京理科大学	1		
計	15		26

＊同一研究者が2度採択

　まず、研究者番号による検索で推進制度に採択された研究代表者（対象研究者）が研究代表者、研究分担者、連携研究者などに含まれる科研費採択課題を抽出し、さらにそれらの課題に関係した研究者を抽出した。これにより、対象研究者の科研費における共同研究関係の情報を取得することができた。

　次に対象研究者が推進制度で採択された研究と関連のある科研費採択課題を抽出するために、推進制度の採択課題の課題名や概要を参考に研究に関するキーワードを2〜3個設定した。推進制度では応募者が設定したキーワードが公開されていないため、キーワードの選択は分析者の恣意が入り、それによって検索結果が異なってくる部分である。また各課題の領域に関する知識がないとキーワードの選択が適切かの判断が難しい。今回は試みとして筆者が重要と考えたキーワードを KAKEN データベースで検索することにより、関係する課題が多過ぎるような頻出語と関連する課題が全く無いような語を避けてキーワードを設定した。こうして設定したキーワードを検索語として課題名にそれらを含む科研費採択課題とそれに関係した研究者を抽出した。このような手順を34件の推進制度採択課題について実行した結果、1件につい

ては科研費の共同研究者がいなかったため、それを除いて 33 件（研究代表者の所属は大学 13 件、公的研究機関 20 件）についての情報を得た。

4. 共同研究者ネットワークの作成

　こうして得られた情報の関係を模式的に示したのが図 1 である。推進制度に研究代表者として採択された対象研究者（図中の黒丸）とその科研費における共同研究者（グレーの丸）は共通の科研費採択課題を介してつながっている。一方、推進制度の採択課題は共通のキーワードを介して関連する科研費採択課題とつながっている。さらにそれらの科研費採択課題に関係した研究者がいる。

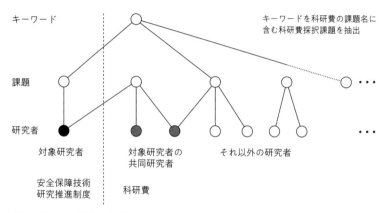

図1　抽出した情報の模式図

　ここから、推進制度に採択された研究者の共同研究者ネットワークおよび採択課題と関連する研究を科研費で行った研究者の共同研究者ネットワークを作成した。具体的には図 1 の研究者と課題の間に線のあるネットワーク（二部グラフという）から課題を共有する研究者間を線でつないだ研究者のネットワークを作成する方法を用いた [7]（鈴木 2017）。

7──本章におけるネットワーク分析およびネットワーク描画には R の sna パッケージ（Butts 2016）を用いた。

図2に示したのは2015年度に推進制度に採択された「ダークメタマテリアルを用いた等方的広帯域光吸収体」という研究課題について作成した共同研究者ネットワークである。用いたキーワードは、「メタマテリアル」と「光吸収体」である。図中黒丸で示された対象研究者は理化学研究所に所属する研究者で、それとつながったグレーの丸は対象研究者と科研費の共同研究者になっている研究者である。

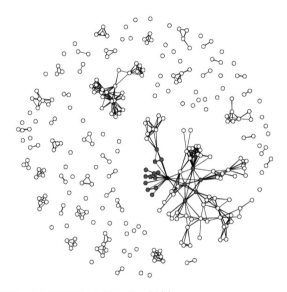

図2　共同研究者ネットワークの例(1)

　ここでの共同研究者ネットワークの作成方法は、対象研究者を起点としてネットワークを作成するため、対象研究者が中心的な位置をとりやすい傾向がある。図2では対象研究者はグレーで示された複数の共同研究者とつながっており、さらにそれらの共同研究者を介して間接的により多くの研究者につながっている。このように相互に線をたどって到達できる点の集合のうちそこに含まれる点の数が最大のものをネットワークの最大連結成分と呼ぶ。図2では関連する研究を行っている数多くの研究者たち（ここでは対象研究者含め304人）の共同研究者ネットワークにおいて対象研究者は最大連結成分に属している。このことから、対象研究者はこの研究分野において有力な研究者

集団に属しているのではないかと推測できる。

　図3は同じく 2015 年度採択課題の「光電子増倍管を用いた適応型水中光無線通信の研究」に関して、「光無線通信」「光電子増倍管」というキーワードで作成した共同研究者ネットワークである。ここでは海洋研究開発機構に所属する対象研究者は最大連結成分に含まれていない。ネットワーク全体では 274 人の研究者が含まれており、この研究分野が科研費においても活発な研究が行われていると考えられるが、対象研究者はこの分野の有力な研究者集団に属していないと推測される。もちろん、研究者のネットワークにおいて科研費の共同研究という関係はごく一部に過ぎず、これだけで対象研究者が当該分野の中心的な集団に属していないと断定することはできない。あくまで、科研費の共同研究者ネットワークに限定した場合の構造的位置であることに留意されたい。また、この構造的位置は研究者の研究能力や研究内容の質とは独立した指標であることを指摘しておく。

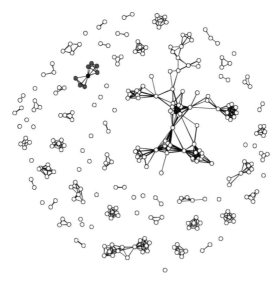

図3　共同研究者ネットワークの例 (2)

　次に含まれる研究者が相対的に少ない共同研究者ネットワークを見てみよう。図4は 2016 年度採択の「ゼロフォノンライン励起新型高出力 Yb:YAG セ

ラミックレーザ」（レーザー技術総合研究所）に関する共同研究者ネットワークで、用いたキーワードは「Yb:YAG」「セラミックレーザー」、含まれる研究者数は38 である。図5 は 2018 年度採択の「Time Reversal による長距離 MIMO 音響通信の研究」（海洋研究開発機構）に関する共同研究者ネットワークで、用いたキーワードは「水中音響通信」「MIMO 通信」、含まれる研究者数は 36 である。これらの研究は科研費ではあまり研究されていないことから、学術研究よりもむしろ実用的な領域で研究が行われていると考えられる。また図 4 では全体の半数以上が属する最大連結成分が存在し、対象研究者はそこに含まれているのに対し、図 5 では対象研究者は最大連結成分に含まれておらず、そもそも突出して有力と考えられる研究者集団の存在もうかがえない。

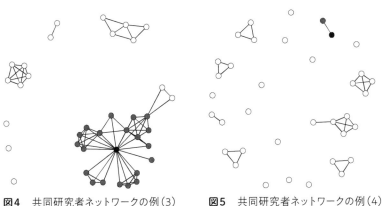

図4 共同研究者ネットワークの例（3）　　**図5** 共同研究者ネットワークの例（4）

　防衛装備庁の推進制度に採択された研究と科研費による研究の共同研究者ネットワークを描くことにより、推進制度に採択された研究テーマや研究者にはいくつかの類型が可能であることが示唆された。以下では共同研究者ネットワークの構造による分類を行い、その特徴を調べる。

5. ネットワーク構造による分類

　ここでは共同研究者ネットワークの構造のうち 2 点に着目して分類を行う。

1点目はネットワークに含まれる研究者の数である。関係する研究者の数は、その研究分野が科研費によって研究されている程度すなわち学術研究としての重要性を反映していると考えられる。2点目は推進制度で採択された研究代表者が共同研究ネットワークにおいて最大連結成分に含まれているかである。これは対象研究者がその分野で有力な研究者集団に属する、もしくは研究上のつながりをもっているかを表す。この2点から表4のような分類が可能になる。

表4 推進制度に採択された課題および研究者の類型

			研究分野	
			科研費で関係している研究者が	
			多い	少ない
研究者	最大連結成分に	含まれる	Ⅰ エリート研究者	Ⅲ デュアルユース
		含まれない	Ⅱ 研究費獲得	Ⅳ ニッチ

表4の「Ⅰ エリート研究者」とは池内 (2016) が「科学至上主義」と表したように、科研費でも活発に行われている研究のためにさらに防衛予算による助成を求めるようなタイプである。「Ⅱ 研究費獲得」は、研究分野自体は科研費で盛んに研究されているものの、当該研究者は有力な研究者集団に属しておらず、競争のために不足する研究費や研究機会を求めて推進制度を利用するタイプである。「Ⅲ デュアルユース」は科研費による学術研究よりも実用的な研究が行われている分野において、有力な研究者集団に属する研究者が推進制度を利用するタイプである。このタイプは民生か軍用かを問わず実用性が重視される、いわゆるデュアルユース性が高い研究と考えられる。「Ⅳ ニッチ」は科研費では必ずしも活発に研究されておらず、研究者が大きな集団を作らずに研究しているようなタイプで、既存の研究とは異なる視点で独自の研究を行っている可能性がある。

先に作成した33件の課題に関する共同研究者ネットワークを表4に従って分類した。関係している研究者数については、ネットワークサイズの中央値が199であったことから、200人以上を「多い」、それ未満を「少ない」と

した[8]。分類の結果、Ⅰが9件、Ⅱが7件、Ⅲが10件、Ⅳが7件となった。

　これらを研究代表者の所属機関種別ごとにまとめたのが表5である。全体としてはⅢとⅠが多いが、公的研究機関に限ればⅢが最も多く4割を占める。それに対して大学ではⅢは最も少なく2割にも満たない。公的研究機関は各分野に特化した技術開発が行われているため大学よりもデュアルユース性の高い研究が多くなると考えられる。大学所属の研究者では有力な研究者集団に属する「エリート」研究者と独自の研究を行っている研究者が推進制度によって研究費を獲得しており、競争のために不足する研究費を獲得しようとするⅡのようなタイプの研究者は今までのところそれほど多くはないのかもしれない。

表5　研究代表者の所属機関種別ごとの集計

所属機関種別	Ⅰ	Ⅱ	Ⅲ	Ⅳ	計
大学	4	3	2	4	13
公的研究機関	5	4	8	3	20
計	9	7	10	7	33

　推進制度開始からの5年間で表4の類型の比率がどのように変化したかを示すために採択年度ごとに集計したのが表6である。最も多い類型は年度によって異なっており一貫した傾向や年度を追うごとの変化の趨勢といったものはうかがえなかった。

表6　採択年度ごとの集計

年度	Ⅰ	Ⅱ	Ⅲ	Ⅳ	計
2015	1	1	1	2	5
2016	2	2	3	1	8
2017	2	0	1	1	4
2018	2	2	4	1	9
2019	2	2	1	2	7
計	9	7	10	7	33

8——作成した33の共同研究者ネットワークのネットワークサイズは最小値が20、最大値が1360、平均値は354.4であった。

2017年度以降は大規模研究課題という区分が導入され最長で5年間、最大で20億円までの助成が可能になった。それ以外の小規模研究課題は3年間、数千万円までの助成である。これらの課題の規模ごとに2017年度以降に採択された20件を集計したのが表7である。大規模研究課題はこれまでの採択数が4件と少ないため分布の解釈は難しいが、そのうち2件はⅠのタイプとなっており、科研費の共同研究者ネットワークにも表れる科研費の採択実績や研究者集団におけるポジションなどが採択につながっている可能性はある。

　一方、Ⅳに分類されるような科研費ではあまり研究されていない分野（図5に示した課題）も大規模研究課題で採択されており、科研費では採択されにくい特定の分野への大規模な助成という側面も考えられる。小規模研究課題については4つの類型に大きな偏りはなく、採択にあたって意図的にバランスをとっているかどうかは不明だが、さまざまなタイプの研究が採択されているといえる。

表7　課題規模ごとの集計

課題規模	Ⅰ	Ⅱ	Ⅲ	Ⅳ	計
小規模研究課題	4	4	5	3	16
大規模研究課題	2	0	1	1	4
計	6	4	6	4	20

　防衛装備庁の推進制度に採択された研究者のうち、企業研究者ではなく、科研費でも採択実績があるような大学や公的研究機関に所属する学術研究者を対象に、その科研費における共同研究者ネットワークの構造を手掛かりにした類型化と分類を試みた。そこから見えてきた学術研究者と推進制度の関係は次のようなものである。

　特定分野における実用的な研究を行っている公的研究機関の研究者は、デュアルユース性の高い研究の資金源として推進制度を利用していた。将来軍事転用の可能性がある技術の研究にとっては科研費とは別の有望な研究助成制度となっているのかもしれない。

　軍事転用への抵抗が強い大学所属の研究者の間では推進制度への応募が減

少しているが、採択された研究者には科研費で採択された研究課題にも多く関係がある「エリート」研究者とニッチな分野で独自の研究を行っているような研究者という異なるタイプが存在していた。前者にとっては科研費に加えての資金源として、後者にとっては科研費に代わる資金源として推進制度が利用されているのではないか。

　池内（2016）が「研究者版経済的徴兵制」として危惧していた、不足する研究費を補うために推進制度を利用するタイプは今までのところは少数派であった。これは、大学の研究者は全般的に推進制度に批判的もしくは消極的で応募自体が少ないことと、推進制度の採択数や応募可能な分野が科研費に比べると極めて限られており、科研費に代わる研究助成制度にはなりえていないためであろう。科研費が「人文学、社会科学から自然科学まで全ての分野にわたり、基礎から応用までのあらゆる『学術研究』（研究者の自由な発想に基づく研究）を格段に発展させることを目的とする」[9] のに対し、先に見たように推進制度は科学技術分野での応用可能性の高い研究を対象としている。

　また、図6に示したように、推進制度の予算規模は科研費に比べるとまだ小さく、政府予算による競争的資金の2019年度における総額4,365億円あまりの3%にも満たない（科研費の占める割合は約54%）。これは政府の開発研究予算の半分近くを国防総省が占めるアメリカとは大きく違っている点である（小山田 2016）。様々なデュアルユース技術を生み出してきたDARPA（アメリカ国防高等研究計画局）の予算が年間30億ドル前後であるのと比較しても、推進制度の競争的資金としての存在はまだ小さいといえる。

　ただし、今後科研費などの学術研究への助成の「選択と集中」がさらに進み、推進制度の対象分野や額が拡大されるような状況になれば、今より多くの大学研究者が推進制度の利用を考えるようになる可能性はある。実際、図6からも分かるように推進制度の予算額は増加傾向にある。運営費交付金のような非競争的資金が縮小される中で、推進制度に魅力を感じたり、抵抗感を感じない研究者は増える可能性がある。推進制度が与える影響としては、戦

9──日本学術振興会の科学研究費助成事業ウェブサイト（https://www.jsps.go.jp/j-grantsinaid/index.html）より。

後一貫して防衛予算による研究に対して抑制的であった研究者の意識を変えることの方が、予算額の大小よりもむしろ重要かもしれない。

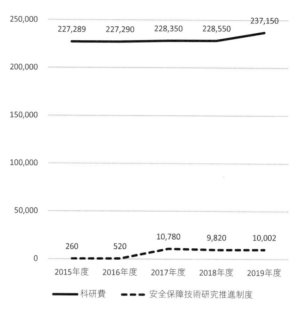

図6 科研費と推進制度の予算規模 [10] (単位:百万円)

6. おわりに

　本章では、インターネットで公開されている防衛装備庁の安全保障技術研究推進制度採択課題に関する情報と KAKEN データベースの情報を用いて、共同研究者ネットワークの構造から推進制度の助成を受けた研究者を分類し、学術研究者と推進制度の関係について考察した。研究助成には推進制度や科研費以外にも各省庁や企業、各種の団体などが行っているものがあり、ここ

10──内閣府による年度ごとの競争的資金制度一覧から作成（例えば 2019 年度については https://www8.cao.go.jp/cstp/compefund/kyoukin31.pdf）。内閣府ウェブサイトのほか国立国会図書館のウェブアーカイブ WARP（http://warp.ndl.go.jp/）も利用した。

で扱ったのはその一部に過ぎない。より多くの研究課題や助成の情報を用いて本章と同様の分析をすることも可能である[11]。

　推進制度に採択された課題を扱うにあたって、社会学を専門とする筆者はこれらの採択課題を専門的な見地から検討することはできない。異なる複数の領域の先端的な研究を専門家と同様に理解することは1人の分析者には至難の業である。そのような場合、各分野の専門家にヒアリングを行うのが有効であり、それによって計量的分析の妥当性を確認したり修正したりすることができるだろう。しかし、ここではそのような方法はとらず、共同研究者ネットワークの構造という、個別の研究領域に関する知識とは別の情報を用いて類型化と分類を行った。これらの方法はそれぞれに長所と短所があるので相互に補完的あるいは対話的に用いることが望ましい。

　共同研究者ネットワークを作成するにあたって使用するキーワードの選択や類型化に用いる研究者数などの基準も一義的に決まるものではなく、他の基準を用いれば結果も異なる。例えば、キーワードの選択を変えることによって対象研究者が最大連結成分に含まれたり含まれなかったりという変化が生じる。そういう意味でも本章で行った計量分析は探索的なものである。いろいろな基準を試しながら計量分析を行い、その結果を参照して元のデータに対するより妥当な解釈を模索する循環的な作業という点では、テキスト分析とネットワーク分析という違いはあるが、樋口（2014）の提唱する計量的分析法と共通している。近年は大規模なネットワークを半ば自動的に解析することも技術的に容易になっているが、比較的小規模なネットワークだからこそ可視化と解釈の循環という方法がより深い洞察につながるのである。

謝辞

本研究は JSPS 科研費 JP16K01157 の助成を受けた。

11──例えば株式会社バイオインパクトが運営している研究者データベースの「日本の研究.com」（https://research-er.jp/）にはより広い範囲から集められた情報が掲載されている。研究者の名寄せは独自に行っているようである。

［参 考 文 献］

Butts, Carter T., 2016, "sna: Tools for Social Network Analysis." R package version 2.4.

Hayashi, Masahiro, 2011, 「KAKEN API テスト」(https://gist.github.com/masaha03/973078)

樋口耕一, 2014, 『社会調査のための計量テキスト分析──内容分析の継承と発展を目指して』ナカニシヤ出版.

池内了, 2016, 『科学者と戦争』岩波書店.

池内了, 2017, 『科学者と軍事研究』岩波書店.

池内了, 2019, 『科学者は, なぜ軍事研究に手を染めてはいけないか』みすず書房.

池内了・小寺隆幸編, 2016, 『兵器と大学──なぜ軍事研究をしてはならないか』岩波書店.

川本思心, 2017, 「デュアルユース研究と RRI──現代日本における概念整理の試み」『科学技術社会論研究』14: 134–157.

喜多千草, 2017, 「戦後の日米における軍事研究に関する議論の変遷──『デュアルユース』という語の使用を着眼点に」『年報 科学・技術・社会』26: 103–126.

小山田和仁, 2016, 「デュアルユース技術の研究開発──海外と日本の現状」『科学技術コミュニケーション』19: 87–103.

杉山滋郎, 2017, 『「軍事研究」の戦後史──科学者はどう向きあってきたか』ミネルヴァ書房.

鈴木努, 2005, 「東京ゴミ戦争における都知事演説のテクスト分析──中心化共鳴性分析による」『社会学論考』26: 1–24.

鈴木努, 2006, 「二〇〇五年衆議院選挙における三大紙の社説比較──概念ネットワーク分析の適用」『マス・コミュニケーション研究』69: 2–21.

鈴木努, 2017, 『R で学ぶデータサイエンス 8 ネットワーク分析 第 2 版』共立出版.

執筆者紹介（担当章順　＊編者）

＊左古 輝人（さこ　てるひと）
法政大学大学院 社会学研究科 社会学専攻 博士後期課程 修了、博士・社会学
東京都立大学 人文社会学部 教授
主要業績：「近世英国における Society の形成―テキストマイニングによる分析」
　　　　　『社会学評論』68（3）（日本社会学会、2017 年）
　　　　　『秩序問題の解明―恐慌における人間の立場』（法政大学出版局、1998 年）

橋本 直人（はしもと　なおと）
一橋大学大学院 社会学研究科 博士後期課程 単位取得退学
神戸大学大学院 人間発達環境学研究科 准教授
主要業績：『危機に対峙する思考』（平子友長らと共編著、梓出版社、2016 年）
　　　　　『マックス・ヴェーバーの新世紀―変容する日本社会と認識の転回』（橋
　　　　　本努・矢野善郎と共編著、未來社、2000 年）

前田 一歩（まえだ　かずほ）
東京大学大学院 人文社会系研究科 博士後期課程
主要業績：「明治後期・東京の都市公園における管理と抵抗―日比谷公園の西洋音
　　　　　楽への意味づけをめぐって」『ソシオロゴス』43（ソシオロゴス編集委
　　　　　員会、2019 年）
　　　　　ジョエル・ベスト著『社会問題とは何か―なぜ、どのように生じ、な
　　　　　くなるのか？』（赤川学と共訳、筑摩書房、2020 年）

河野 静香（こうの　しずか）
東京都立大学大学院 人文科学研究科 博士後期課程
主要業績：「近現代日本における〈摂食障害〉の生成と定着，その後：Self-Starva-
　　　　　tion の意味理解の変遷」『社会学評論』71（4）（日本社会学会、2021 年）

樋熊 亜衣(ひぐま あい)

首都大学東京 (現東京都立大学) 大学院 人文科学研究科 社会行動学専攻 博士
後期課程 修了、博士 (社会学)

筑波大学ダイバーシティ・アクセシビリティ・キャリアセンター／学生部就職課
ディレクター

主要業績:「日本の女性運動― 1970 年代から何が引き継がれたのか」博士論文 (首
　　　　都大学東京、2018 年)

　　　　「女性たちはミニコミの中で何を語ってきたのか―タイトルのテキスト
　　　　マイニングを通して」『社会学論考』38 (首都大学東京・都立大学社会
　　　　学研究会、2017 年)

鈴木 努(すずき つとむ)

東京都立大学大学院 社会科学研究科 博士課程 単位取得退学、博士 (社会学)

東北学院大学 教養学部 准教授

主要業績:『R で学ぶデータサイエンス 8 ネットワーク分析 第 2 版』(共立出版、
　　　　2017 年)

　　　　「統計的ネットワーク分析の視座―社会ネットワーク分析における意義
　　　　の検討」『理論と方法』33 (1) (数理社会学会、2018 年)

テキスト計量の最前線—データ時代の社会知を拓く

Cutting Edge Text Analytics: The Japanese Latest Studies in Humanities and
Social Sciences

Edited by Teruhito Sako

発行	2021 年 2 月 10 日　初版 1 刷
定価	2800 円＋税
編者	© 左古輝人
発行者	松本功
ブックデザイン	三好誠
組版所	株式会社 ディ・トランスポート
印刷・製本所	株式会社 シナノ
発行所	株式会社 ひつじ書房
	〒 112-0011 東京都文京区千石 2-1-2　大和ビル 2 階
	Tel.03-5319-4916　Fax.03-5319-4917
	郵便振替 00120-8-142852
	toiawase@hituzi.co.jp　http://www.hituzi.co.jp/

ISBN978-4-8234-1072-7

[刊行書籍のご案内]

Rで学ぶ日本語テキストマイニング

石田基広・小林雄一郎著 　定価 2,600 円＋税

さまざまな研究領域や実務分野で、テキストマイニングという技術の導入が進んでいる。テキストマイニングとは、特に大規模なテキストデータを対象に、情報科学やデータ科学の技術にもとづいて分析を行い、新しい知見を導こうとする試みの総称である。本書は、テキストマイニングを語学・文学研究に応用するための入門書である。前半では、言語データ分析とRの操作方法について詳細に解説し、後半では、テキストマイニングをさまざまな課題に適用した事例を紹介する。

文章を科学する

李在鎬編 　定価 2,600 円＋税

言語教育への応用を目論んだ文章の実証的研究。「文章とはなにか」という根本的な疑問から始まり、文章の計量的分析ツール「KH Coder」の作成者自身による実践を交えた解説ほか、文章研究の理論と技術を紹介。日本語学、日本語教育、英語教育、社会学、計算言語学、認知言語学、計量国語学の専門家がそれぞれの知見から、文章研究の新たな地平を拓く。

執筆者：李在鎬、石黒圭、伊集院郁子、河原大輔、久保圭、小林雄一郎、長谷部陽一郎、樋口耕一

テキストマイニングによる言語研究

岸江信介・田畑智司編　　定価 6,700 円＋税

本書の特色は、日本語学、英語学を専門分野とする新進気鋭の研究者が中心となり、さまざまな研究事例を提示しつつ、テキストマイニングを援用し、言語分析を試みたもので、日本語学 6 本、英語学 4 本の論文からなる。アンケート調査による自由回答の分析方法、膨大なテキストデータのなかに潜む真実を見つけ出す方法などを分かりやすく紹介している。

執筆者：小野原彩香、矢野環、中島浩二、吉田友紀子、岸江信介、西尾純二、阿部新、瀧口恵子、米麗英、清水勇吉、村田真実、内田諭、小林雄一郎、田中省作、後藤一章、阪上辰也

コーパスと日本語史研究

近藤泰弘・田中牧郎・小木曽智信編　　定価 6,800 円＋税

日本語史研究にどのようにしてコーパスを用いるかについての日本最初の概説書。具体的な研究方法も満載。また、オックスフォード大学の古典語コーパスについても開発者自らが詳しく解説。その他、古典語コーパス関係の文献解題も付載。なお、国立国語研究所の「日本語歴史コーパス」の開発に関わった研究者による共同研究の成果でもある。

執筆者：近藤泰弘、田中牧郎、小木曽智信、山元啓史、山田昌裕、高山善行、岡﨑友子、横野光、ビャーケ・フレレスビッグ、スティーブン・ホーン、ケリー・ラッセル、冨士池優美、鴻野知暁、間淵洋子

[刊行予定のご案内]

異分野融合研究のためのテキストマイニング (仮)

内田諭・大賀哲・中藤哲也編　2021 年春刊行予定

本書は異分野融合研究を実践するための方法論としてテキストマイニング (TM) に着目し、その基本的な仕組みや実際の研究事例を示したものである。基礎編では TM の理論や手法等を紹介し、実践編では言語学、情報学、政治学、社会学、看護学、環境学など多様な分野の新進気鋭の研究者が、それぞれの分野における TM の実践的な研究例を提示する。

「中納言」を活用したコーパス日本語研究入門

中俣尚己著　2021 年春刊行予定

コーパス検索アプリケーション「中納言」の初の解説書。3 部構成。第 1 部「検索してみよう」では「中納言」での検索の仕方や様々な機能について解説する。第 2 部「分析してみよう」では結果をダウンロードした後、表計算ソフトやテキストエディタを活用し、どのように結果を集計、数値を比較すれば良いかを解説する。第 3 部「研究してみよう」ではどのようにコーパス研究を行うべきか、また、レポート・論文にまとめる上での注意点を実例をもとに解説する。